子どもの「生きづらさ」

子ども主体の生活システム論的アプローチ

山下 美紀

学文社

まえがき

　大人の視点から見れば「問題ない」ことも，当事者にとっては「問題である」ことがあります。子どもたちは，さまざまな場面において生じている危機や軋轢に「気がつかないふり」をすることによって，平穏を保とうとしているところがあります。「傷ついていない」のではなく「傷ついていないふり」を演じていることもあります。陽気に見える子どもたちの言葉の一つひとつに，深い思いや追いつめられた心情が込められており，そこに「生きづらさ」をまざまざと感じさせられることがあるのです。そしてそれは，いまの子どもたちが抱えている「生きづらさ」そのものに他ならないことに気がつきました。

　そんな子どもたちを「いまの子どもたちは生きづらい」とまとめてしまうことは容易いことです。しかし，私は，その「生きづらさ」とはどのようなものなのか，具体的に目に見える形にしたい，そして「生きづらさ」がどのような状況のなかで生じているのかがわかれば，それに対処する方法も見つかるのではないだろうか，救われる子どもたちがいるのではないだろうか，という思いで研究を進めてきました。

　本書では，子どもたちの生活実態に着目することによって，いまの子どもたちの「生きづらさ」の実態と特徴に迫ります。子どもをめぐる議論が沸騰する昨今，本書が子ども支援の手立てを講じる際の一助となればと願っています。

2012 年 10 月

山下　美紀

目　次

まえがき　i

序　章　はじめに
　　　　──問題意識と本書の構成 ……………………………………………… 1
　第1節　研究の背景　1
　第2節　「子ども」への視点の移動　5
　第3節　本書のねらいと構成　7

●●●　第1部　子どもの「生きづらさ」とは ─理論編─　●●●

第1章　日本の「子ども」の実態 …………………………………………… 14
　第1節　「子ども」をどうとらえるか　14
　第2節　客観的データからみる「子ども」の現況　16
　第3節　まとめ　25

第2章　日本で育つ「子ども」たち
　　　　──「子ども」研究からみえてきた課題 ……………………………… 29
　第1節　政府機関実施の「子ども」調査　29
　第2節　民間研究機関による「子ども」調査からの知見　35
　第3節　家族社会学・教育社会学における「子ども」研究からの知見　40
　第4節　家政学における「子ども」研究からの知見　44
　第5節　まとめ　49

目　次

第3章　現代日本社会における子どもの「生きづらさ」……… 55
第1節　「生きづらさ」の登場　　55
第2節　「生きづらさ」の発見　　56
第3節　「生きづらさ」に関する論考からみる「生きづらさ」の特徴　60
第4節　子どもの自尊感情と「生きづらさ」との関わり　　70

第4章　「生きづらさ」への生活システム論的アプローチ ……… 76
第1節　子ども主体の生活システム　　76
第2節　生活システムからみた子どもの「生きづらさ」　　85
第3節　「生きづらさ」の検討課題　　87

●●● 第2部　子どもたちの「生きづらさ」にせまる　―実証編― ●●●

第5章　投書記事にあらわれる子どもの「生きづらさ」
　　　　――中学生新聞の分析を通して ……… 92
第1節　子どもの「生きづらさ」をとらえる質的調査の意義　　92
第2節　分析対象資料と分析方法　　95
第3節　投書にあらわれる子どもたちの「声」　　100
第4節　事例分析　　103
第5節　子どもの生活システムと「生きづらさ」の表象　　119
第6節　質的調査から量的調査へ―「生きづらさ」を測る標識の索出　　123

第6章　子どもの生活実態
　　　　――中学生調査の結果から ……… 127
第1節　調査の概要　　127
第2節　子どもの日常生活の様子と生活満足度の質問項目　　131
第3節　子どもの「日常生活の様子」　　132

iii

第4節　「日常生活の様子に対する評価」の結果　139
　第5節　「日常生活の様子」と「日常生活の様子に対する評価」との関連　142
　第6節　まとめ　150

第7章　生活システム変更条件と「生きづらさ」　154
　第1節　生活システム変更の条件項目　154
　第2節　「生きづらさ」を測定する　163
　第3節　生活システム変更条件と「生きづらさ」との関連　168
　第4節　まとめ　173

第8章　子どもの生活システム類型からみた「生きづらさ」　177
　第1節　子どもの生活システム類型　177
　第2節　クラスタ分析の結果　181
　第3節　クラスタ別にみた子どもの「生きづらさ」　186
　第4節　まとめ　190

終　章　子どもの「生きづらさ」の所在　196
　第1節　「生きづらさ」調査から見えてきたこと　196
　第2節　子どもの支援にむけて　200

あとがき　205
索引　208

序　章

はじめに
——問題意識と本書の構成

第1節　研究の背景

　本書のねらいは，今日の子どもの「生きづらさ」に着目し，子どもの「生きづらさ」の実態を把握するとともに，子どもたちを生きづらくしている，家庭，学校，友人関係など，生活上の諸要因を実証的に明らかにすることにある。

　はじめに，子どもの「生きづらさ」を研究テーマとして設定するにいたった経緯について述べておきたい。

　以前より，私自身は，社会の変化にともなう個人化の傾向のなかで，個人は，「家族に包摂されることなく生きていきたい」という思いと，個人にとって重要性を増してきた「家族とともに居たい」という思いとの間にどのように折り合いをつけながら生活しているのか，という点に関心をもっていた。

　1980年代以降，初婚年齢の上昇や未婚率の増加を背景に「シングル」や「非婚」といった用語や，出生数の減少や就業女性の増加や性別役割分業意識の変化を背景に「DINKs・DEWKs」といった用語が世間で使われるようになりはじめた。『現代用語の基礎知識』（自由国民社）や『情報・知識 imidas』（集英社）など世相を取り上げ説明するマニュアル本が多く出版されたのもこの時期で，これらの書籍には，その年の流行語やトピックスが説明されている。1980年代後半から家族に関わる用語も頻出するようになった。1993年の

I

『情報・知識 imidas』には，家族に関わる用語として，先の「シングル」「DINKs・DEWKs」以外にも，「事実婚カップル」「コミュータ・マリッジ（週末通い婚）」「ステップファミリー」「独立共同型家族」「パート家族」「利系家族」「素粒子家族」「ローズファミリー」「家庭内離婚」等さまざまな用語が，その時代の家族の特徴を表す用語として説明されている[1]。

社会学の分野でも，家族の動向への関心が高まり，落合恵美子『近代家族とフェミニズム』(1989)，目黒依子『個人化する家族』(1987)，山田昌弘『近代家族のゆくえ』(1994) など，家族の変化をめぐる家族研究の成果が多く出版された時期でもあった。

目黒依子は，社会変動という構造的脈略のなかで，家族が個人の選択するライフスタイルとなるという「家族の個別化・個人化」（目黒 1987）という論考を展開し，「家族生活は人の一生の中で常にあたり前の経験ではなく，ある時期に，ある特定の個人的なつながりをもつ人々とつくるものとしての性格」をもつようになり，「集団の中の個人から，個人そのものが社会生活の単位として浮かび上がってきた」過程を，家族の変動と見なしている。その結果，「家族生活は個人にとって選択されるライフスタイルの一つ」となっていったと指摘している（目黒 1987：iv）。

そこで，私は，非婚，事実婚，週末通い婚，DINKs などといった新しい家族形態が「家族の多様化」として表現されているものの，実際に家族は多様化しているのだろうかという問題関心から，国際女性学会シングル研究班のリポート『実像リポートシングルウーマン』(1988) や，経済企画庁国民生活局『国民生活選好度調査』，人口問題研究所『独身青年層の結婚観と子供観』(1994)，といった既存の統計データをもとに，人々の家族意識を探った。その結果，人々の意識は全面的に多様化しているわけではなく，「行動や生き方の自由を求め，自分らしく生きる」という「生き方の多様性」を支持しながらも，「結婚して子どもをもつ」という意識において画一的であるという解釈にいたった（山下 1995a）。

つぎに，この「自分らしく生きる」という個人的な希求性と家族とともに過

ごすという家族への希求性との間にどのような折り合いをつけながら人々は生活しているのかを調べるべく，女子大学生を対象に調査を行うことにした。「結婚は男性にとっては『イベント』，女性にとっては『生まれ変わり』なのである」という山田昌弘の言葉を引き合いに出すまでもないが，結婚や出産といったライフイベントは，男性よりも女性にとって大きな意味をもっている（山田 1996：42）。大学時代は，卒業後の生き方，就職や結婚や子どもをもつことについて考え始める時期にある。そこで，女子大学生がどのようなライフコースや生き方を望んでいるか，『国民生活選好度調査』の調査項目を用いて，1997年から2002年まで6年間にわたり，著者が所属する女子大学の講義の受講者を対象に調査を行い，生活選好の経年変化をとらえようとした[2]。しかし，家族の多様化や非婚化などが言われるものの，ほとんどの女子大学生が，結婚し，子どもをもち，働き方に応じて家事を夫婦で分担するといったライフコースを希望していた。ひところマス・メディアで盛んに取り上げられていたような，結婚しない，子どもをもたない，婚姻届を出さないといった生き方を望む学生は極めて少数であった（山下 1995b）。

　さらに，女子大学生の家族観や生活観を詳細に調べたいと思い，自分の家族に対する関わり方，経済的な依存状況や親とともに過ごす時間の量や過ごし方，家庭生活の満足度や家族の存在意義などについてインタビュー調査を行った。
　地元出身の自宅通学者が多い，ミッション系の女子大学生という調査対象者の偏りがあるため，一般化することはできないことをあらかじめ断ったうえで，見えてきた特徴を示しておきたい。
　女子大生の家族関係はおおむね良好で，親に対して「感謝している」「大好き」「優しい」といった評価が多かった。対象者が大学生という青年期にあり，行動や考え方の自立度が高まる時期にもかかわらず，「（親に）何でもやってもらえるから楽」といった親への依存の高さがみられた。逆に，早く親から独立して自分の人生を切り拓いていきたいという志向性が弱いという傾向が見いだされた（山下 1999）。
　昨今，「友だち親子」などの言葉にみられるように，「物分かりの良い親」が

子どもにとって望ましいと思われているのみならず，親の側も「物分かりの良い親だと子どもに思われたい」と願う親が増加しているという（山田 1997）。インタビューからも，「友だち親子」のように親に対して「ものわかりが良く，怒らない，優しい親」という評価が多く，親を超えたい，親元から離れたいといった自立の傾向がみられなかった。

　ここで調査対象者とした女子大学生の多くは，大学に通わせてもらえるような家庭環境にあり，身の回りのことは母親にやってもらい，好きな時間にアルバイトし，貯めたお金は自分のために使うことができ，遅くなったら親に迎えに来てもらえるような生活を送っている。家族は一番居心地が良いと思えるのも不思議ではない。

　しかし，若者の意識を探るにしてはあまりにも調査者の属性に偏りがあり，特殊な調査結果でしかないという限界を痛感した。また，女子大学生に限らず，大学生は，アルバイトなどによって経済的にも親から自立することが可能となり，学校に行く・行かない，家で食事をする・しない，家に帰る・帰らない，友だち同士で旅行に出かけるなど，生活においてかなりの自由が認められる。

　それに比べて，義務教育期にある子どもたちには，先に挙げたような生活上の選択の自由はほとんど認められていない。子どもは義務教育機関である小中学校に通うものとされ，学校に行かない子どもは「不登校」といわれる。どうしても親と縁を切りたいと思えば離れることは可能であるが，嫌な親でもそう簡単に離別することはできず，家を出れば「家出少年」といわれる。学校を休んでゲームセンターやカラオケ店で遊んでいれば補導の対象となり，学校の内申書には「素行不良」と記録される。

　それなりに自由な生活を送っている大学生と比較して，義務教育期にある子どもたちの生活は制約が多い。そのようななかで，子どもたちは，自分の生活に満足しているのだろうか，どのような気持ちで毎日の生活を送っているのだろうか，そもそも自分の生活を価値あるものだと評価できているのだろうかという疑問をもつようになった。

第2節　「子ども」への視点の移動

　このような視点の転換から，日本家政学会家族関係学部会研究活動委員会の「子どものウェルビーイング調査」に参加することにした。小学生を対象に行ったこの調査からは，子どもは親に対して肯定的な評価をしていることや，家族生活に対して満足度が高いことが明らかになった。親子関係をみてみると，母親からの働き掛けの大小や母親の思いよりも，子ども自身が，自分が親からどう扱われていると思っているかという評価が，生活の満足度に影響しており，子どもの思いに着目することの重要性が示唆された（山下他 2006）。

　つまり，親がたとえ「やってあげている」と思っていても，子どもがそう思っていなければ子どもの満足度は低く，親が「やってあげていない」と思っていても，子どもが「やってもらっている」と評価していれば，親への満足度は高まる。そこから，子ども自身の思いを汲み取るような，子どもに焦点を当てた研究・調査の必要性を感じていった。

　その後，子どもに関する先行研究をレビューするなかで，子どもの実態を把握するためには，親以外の関係性やその重要性，子どもの置かれている生活状況，そして何より子ども自身が自分の人生をどのように認知しているかという視点を導入することの重要性を知るに至り，今回の「生きづらさ」研究に着手するようになった。

　しかし，自分は子どもの何を知っているだろうかと自問してみると，実は，私自身こそ，メディアなどを通して報道される大人目線の子ども像でしか子どもをとらえていないのではないかと自省するにいたった。

　そこで，子どもたちの目線に立って，子どもたちの思いを少しでも汲み取るべく，ネット上の小中学生の掲示板の書き込みサイトを検索したり，子ども向けの新聞に目を通したり，知己の小中学生に話を聞いたり，オンラインゲーム上で子どもたちとチャット[3]したりと，さまざまな試みを行った。

　子どもたちが全員悩みを抱え，苦しんでいるわけではない。しかし，私が見

聞きし関わった限りにおいて，子どもたちの間では，「人って信用できない」「空気読もうよ」「めんどくさい」といった言葉が頻繁に取り交わされ，人からの評判を気にしたり，仲間との協調に過度に気をつかったりするさまが見出された。

　現代の子どもたちについては，これまでにもさまざまな書籍が出版されており，子どもたちの自尊感情の低さや自己肯定感の低さが言及されている。たとえば，小児科医で子どもの心の診療を行っている古荘純一は，「自尊感情」に着目し，「QOL（= Quality of life）尺度」調査の結果から，日本の子どもたちの自尊感情が他国の子どもに比べて非常に低いことを示している（古荘 2009）。

　また，汐見稔幸は外国の子どもとの比較調査から，日本の子どもの特徴として，「自分に自信を持てない」ことを挙げている。「日本の子どもの自己評価の低さは，ある何かができないから私はだめだというような，対象が限定された感情」ではなく，「もっと一般的に，日常的に，かつ何に対してもつい自己を卑下してしまうような心の構えができあがってしまっていると考えた方が合理的であろう」と述べ，このような心の状態を「自己肯定感の低さ」ととらえている（汐見 2000：142）。

　土井隆義は，ひきこもり青年の犯した事件を取り上げ，「自分の地獄」という表現を用いざるをえなかった青年の言動に着目し，自分を肯定的に評価できない「自分らしさの陥穽」こそが現代の若者の「生きづらさ」の特徴であると指摘している（土井 2005）。自分自身に積極的な意味を見出そうとすればするほど，逆に不安感が募り，自分の存在の不確かさを感じる自己肯定感の脆弱さに言及する。さらに，土井は『友だち地獄』において，今の子どもたちは「空気を読みあう」人間関係のなかで，自己肯定感が脆弱であるがゆえに，身近な人間から常に承認を得ながら不安定な自己を支えようとすること，しかし，優しい関係は，空気の読み間違いをすればその関係は簡単に破綻し，優しい関係で支えられていた自己の承認も簡単に揺らいでしまうことが，今の「生きづらさ」の特徴であるととらえている（土井 2008：100）。

　もちろんすべての子どもの自己肯定感が低く，全員が生きづらさを感じてい

るわけではない。しかし，先に挙げた古荘らが示している子どもたちにみられるような，「生きづらい」子どもが現に存在していることは推測できる。

そこで，今の日本の子どもに着目し，子どもの日常生活において，子どもは自分の望むような生活ができているのかどうか，望むような生活ができていないとすれば何が妨げになっているのかを明らかにし，子どもの抱えている問題や子どもが感じる「生きづらさ」の内実を解明することにねらいを定めた。

第3節　本書のねらいと構成

本書において，子どもを「育てられる子ども」や「教育される子ども」という見方ではなく，子どもを生活の主体者とみなし，子どもは親や学校や地域といった自分を取り巻く社会環境やネットワークをどのようにとらえ，自分の生活をどのように評価しているかを明らかにする。先にも述べたように，子どもの「生きづらさ」が社会や教育上の問題になってきている。しかし，「生きづらさ」を感じている子どもは，日本のなかでどのくらいの割合を占めているのか，「生きづらさ」を感じている子どもと感じていない子どもの違いや共通性については必ずしも明らかにされていない。

そこで，岡山市の中学生を対象に，中学生全体のなかでどれぐらいの子どもが生きづらさを感じているのかという実態を明らかにし，「生きづらさ」を感じている子どもと感じていない子どもとではどこが違うのかを検討することにより，どういう子どもたちが，どのような生きづらさを感じているかを探求することにした。

日本社会のなかで「生きづらさ」を感じている子どもを把握して，支援の方策を立てるためにも，「生きづらさ」を感じている子どもがどういう特徴をもっているかを明らかにしておく必要がある。「生きづらさ」を感じることになる，つまり「生きづらく」させる要因を明らかにすることができれば，そのような要因を抱えている「生きづらい」子どもに対するサポートできるのではないだろうか。

不登校やリストカットは，見方を変えれば，子どもたちなりの「生きづらさ」の意思表明，あるいは状況打破のための行動ともいえる。子どもたちがそのような行動に行きつく前に，なんとか踏みとどまらせるような支援を見出すことが必要であり，そのためにも子どもたちの抱えている「生きづらい」状況に焦点を当てた研究が必要なのではないだろうか。このような問題意識から本書の執筆に着手したのであった。

　本書の構成について述べておく。

　第1部は，第1章から第4章の理論部分からなり，先行の調査や親子関係研究，家族研究をレビューし，子ども研究の課題を析出するとともに，この研究で使用する「生きづらさ」概念および「生活システム」概念について整理しておく。

　第1章では，まず「子ども」をどうとらえるかという概念を整理し，本書の対象となる「子ども」について言及する。

　さらに公的な統計資料を用いて，現代の子どもたちがどのような特徴をもち，どのような生活を送っているのか，子どもの生活実態を把握しておく。

　第2章は，先行研究・先行調査のレビュー部分と位置づけ，日本において，子どもはどのようにとらえられてきたかを探るために，政府や民間の研究所が行ってきた各種の統計を手掛かりに，子どもについて明らかにされてきた知見を整理しておく。

　さらに，家族社会学および教育社会学，家政学の各分野で展開されてきた「子ども」研究に着目し，子どもに対してこれまでどのような問題関心がもたれてきたかを整理しておく。これまでの子ども研究で手薄な部分を指摘し，「子ども」研究の課題として，子どもを生活主体とみなし，子どもを主体にした生活システムという視点から子どもの生活や意識をとらえる研究の必要性について言及する。

　第3章では，現代の子どもたちの「生きづらさ」に着目する理由を説明する。「生きづらさ」という用語が近年頻繁に見出されるようになってきた。そこで，「生きづらさ」に着目した先行研究のレビューを行い，「生きづらさ」は

どのようにとらえられてきたかを明らかにし，「生きづらさ」の概念定義を試みる。

　第4章は，「生きづらさ」への生活システム論的アプローチの有効性について論じ，実証研究の分析課題を図式化しておく。子どもは子どもなりの生活世界をもっており，社会や家族に影響されるばかりでなく，子どもの生活世界に立って自分の意見を発信し主張する存在として子どもをとらえる分析視点の有効性を提案する。これは，子どもを生活主体と位置づけ，これまで家族に内包される存在であった子どもを子どもなりの生活世界の主人公とみなし，子どもの目から見た生活をとらえる視点である。子どもを生活主体に据えて子どもの生活システムをとらえる視点が有効であると考えた。

　第2部は，これまでの理論部分を踏まえて，子ども中心の生活システムモデルを用いて，子どもの「生きづらさ」の実態を明らかにする実証編である。実証は，質的調査と量的調査の二つの方法を援用する。

　第5章の質的分析では，いまの子どもたちの悩みや，どのような場面で，どのような「生きづらさ」を感じているかを知ることが重要であると考え，子どもの声を取り上げることにした。具体的には，中学新聞への投書を資料として，子どもたちがどのようなことで悩んでおり，その悩みが生きづらさにどのように結びついているのかを分析してゆく。子どもに着目する理由，子どもの何をみていくかという研究の視座を明らかにしたうえで，子どもの「生きづらさ」の実態を明らかにする試みを行う。ひとつは，子どもの立場に立って見えてくる子どもの姿に接近するために，新聞への投書の内容を分析し，子どもが何を考え，何に悩み，どんな苦しみを抱えているのかを明らかにする。

　第6章以降では，新聞の投書記事の分析から見えてきた「生きづらさ」を構成している標識をもとに，子どもの「生きづらさ」の実態把握を試みる。どのような日常生活を送っている子どもが「生きづらさ」を感じる程度が高いのか，子どもの生活の実態や生活の意識の実態が「生きづらさ」にどのように結びついているかを探る。

　具体的には，中学生を対象に質問紙による量的調査の結果をもとに，分析・

考察を行っている。子どもの生活評価を踏まえて,「子どもの望むような生活に変更しうるような条件や可能性が無いことが,子どもの『生きづらさ』につながっている」という仮説に基づき,日常生活の実態,日常生活に対する自己評価,「生きづらさ」に関する意識を測定することにした。そこから,子どもたちが日々どのような気持ちで,どのような生活を送っているのか,その実態を明らかにする。

　子どもたちの「生きづらさ」の実態を明らかにすることによって,より多くの人に子どもの実態を知ってもらい,子どもたちが抱えている「生きづらさ」を軽減するための方策を講じる際の一助としたい。

注
(1) かつて,山下(1995a)において,1980年代に出現してきた家族を表す流行語に着目し,社会の構造的脈絡と家族の現実態との関連を明らかにしようと試みた。「ローズファミリー」は,当時上映された「ローズ家の人々」をもじったもので,「ばらばらな家族」を意味している。「素粒子家族」も核よりもまだ細かい素粒子という言葉をあて,「個人単位の家族」を意味している。「利系家族」は,利益によって結びついて家族を意味しており,当時の家族の特徴として,家族がバラバラになり,情ではなく利益があるかどうかで結びついている様子を表した用語が多く登場している。
(2) 調査項目は『国民生活選好度調査』の調査項目を援用し,結婚願望,希望婚姻年齢,家事分担意識,別姓,子どもの必要性,結婚の是非,職場進出の利益,子どもの面倒をいつまでみるか,望ましい教育程度などである。調査方法は,自記式集合調査法で行った。1997年79票,1998年103票,1999年96票,2000年94票,2001年80票,2002年91票,計543票で回収率は100％である。
(3) 小中学生に人気のオンラインゲーム「メープルストーリー」は,キャラクターを成長させるロール・プレイング・ゲームである。ゲームを進めていくうえで,必要に応じて「友だち」「グループ」「ギルド」「ファミリー」などに参加し,他のキャラクターと関わりあいながらゲームを進めていく。他者に対する評価には「人気」があり,自分に良くしてくれた相手キャラクターには人気を上げる,逆に嫌なことをされた場合はその相手キャラクターの人気を下げると

いうシステムである。さらに，この人気度は表示されているので，誰が人気があり，誰が人気がないのかが誰にでもわかるようになっている。ゲーム上でも他人とうまくやっていくことが要請されており，「人気」が重要な意味をもっている。

引用文献

上野千鶴子，1994，『近代家族の成立と終焉』岩波書店。
落合恵美子，1989，『近代家族とフェミニズム』勁草書房。
汐見稔幸，2000，『親子ストレス　少子社会の「育ちと育て」を考える』平凡社。
土井隆義，2005，「かかわりの病理」井上俊他編『自己の他者の社会学』有斐閣。
土井隆義，2008，『友だち地獄：「空気を読む」世代のサバイバル』筑摩書房。
古荘純一，2009，『日本の子どもの自尊感情はなぜ低いのか』光文社。
目黒依子，1987，『個人化する家族』勁草書房。
山下美紀，1995a，「「『家族の多様化』と構造的脈絡の変化との関連」奈良女子大学大学院人間文化研究科『人間文化研究科年報』第 10 号。
山下美紀，1995b，「『家族の多様化』傾向にみられる相反する個人的希求性」奈良女子大学（家族関係学講座編）『家族研究論叢』創刊号。
山下美紀，1999，「現代家族の関係性にみる特徴分析：少数事例法による実証的研究」ノートルダム清心女子大学『紀要』文化学編第 23 巻第 1 号。
山下美紀他，2006，「親子関係に対する母親と子ども認知タイプと子どものウェルビーイングとの関連」『家族関係学』No.25。
山田昌弘，1994，『近代家族のゆくえ』新曜社。
山田昌弘，1996，『結婚の社会学：未婚化・晩婚化は続くのか』丸善。
山田昌弘監修，1997，『季刊子ども学 Vol.14 特集友達親子』ベネッセコーポレーション。

第 1 部

子どもの「生きづらさ」とは
理論編

第1章

日本の「子ども」の実態

第1節　「子ども」をどうとらえるか

　そもそも「子ども」とは何だろう。日常的に使っている言葉ではあるが，改めて「子ども」とは何かを考えてみると，一義的に定義するのは難しいことに気がつく。

　親子関係のなかでの「子ども」は，親が生存している限り親にとっては「子ども」である。「子はかすがい」の「子ども」も，「空の巣症候群」の言葉が象徴するような親元から巣立つ「子ども」も，親にとっての「子ども」であり，しかも，いくつになっても「子ども」なのである。

　それでは，福祉行政や警察，文部科学省など公的な分野や各種法令において，子どもはどのように規定されているだろうか。児童福祉法では「18歳未満の者」を児童と呼び，少年法では「20歳未満の者」を少年と呼んでいる。学校教育法では，小学生を児童，中学生を生徒と区別している。また，1989年に国連で制定され，1994年に日本も批准した「児童の権利に関する条約」では，行政に限って"child"の訳として「児童」が使われており，その年齢区分は18歳未満のものとなっている。法例によって使用されている呼称および年齢区分が異なっているために，統一の見解を示すことはできないが，おおよそ18歳未満の者が「子ども」の範疇としてとらえられているようである。

　しかし，18歳未満の者をひとくくりにして論じるのはなかなか難しい。な

ぜなら，子ども期はそれぞれの年齢における発達課題があり，著しい成長を遂げる時期に相当する。発達心理学や教育社会学の研究にみられるように，子どもの各発達段階において，それぞれ異なる発達課題があり，それぞれの年齢期において直面する問題も異なる。

たとえば，幼児期には，歩くこと，食べること，話すことといった生活を営むうえで必要な基礎的な課題があるとともに，両親をはじめとして他人と情緒的に結びつくという愛着関係の形成が課題となる（ハヴィガースト 1953 = 1958，『青少年白書　平成 15 年版』2003）。

学童期においては，ロバート・J・ハヴィガーストの言葉を借りれば，生活の中心が家庭から友人仲間へ進む発達，身体的な発達，精神上の発達があり，「それぞれ固有の型と能力水準とを形成する」時期にあたる（ハヴィガースト 1953 = 1958）。この時期の発達課題について，青少年育成に関する有識者懇談会報告書[1]では，①基本的生活習慣の形成，基礎的学力の習得，③他者の認識と自己の形成，④のびのびとした時間・空間の創出が挙げられ，子どもの発達段階においてそれぞれ異なる発達課題があると示されている（『青少年白書　平成 15 年版』2003：220）。

また，中学生・高校生という学齢期は，思春期と重なる時期にほぼ相当する。青少年育成に関する有識者懇談会報告書において，この時期の課題として，①社会のなかでの自分探し，②社会規範の習得，③社会的自立に向けた知識や能力の習得，④性に関し適切に行動できる力の習得などが挙げられている（『青少年白書　平成 15 年版』2003：220-221）。

汐見稔幸は，今日の日本において，学力不振，非行，不登校，いじめなど学校生活をめぐる困難が生じていると同時に，家庭の経済的貧困や生育環境の問題状況，性や暴力に関する情報の氾濫といった有害環境などが伏在しており，健やかな発達が妨げられるような状況にあることを指摘している（汐見 1996，2000 他）。

以上のように，子どもについて明確に定義することが難しいこと，概ね 18 歳未満の者が「子ども」としてとらえられてはいるが，各年齢期によって抱え

る問題や発達のための課題が大きく異なることを踏まえ，本書では，とくに「自分探し」や「自立」が重要な課題となる思春期にあたる子どもに焦点をあてる。

第2節　客観的データからみる「子ども」の現況

いまの子どもたちはどのような生活環境のなかで，どのような日常生活を送っているのだろうか，その生活の実態について，これまでに明らかにされている統計資料をみておきたい。子どもの生活実態を把握するために有効な指標としては，世帯構成，進学率，学力，体力，非行等の問題行動，不登校，いじめ，自殺，子どもの貧困率などを挙げることができる。以下，順にみていく。

1　子どもが育つ世帯

日本の子どもはどのような家庭環境のなかで育っているのだろうか。阿部彩は『子どもの貧困』において，子どもが属する世帯のタイプの違いと子どもの貧困状態との関係について調べている。まず世帯は，ふたり親世帯，ひとり親世帯，3世代世帯，祖父母と暮らしている世帯，成人したきょうだい等と暮らしている世帯などにわけられる。阿部は2004年「国民生活基礎調査」を用いて，子どもが属する世帯構成を算出しているが，それを借りると，両親と子どものみの核家族世帯は63.2％，3世代世帯（ふたり親と祖父母，ひとり親と祖父母のタイプが含まれる）は28.5％，母子世帯が4.1％，父子世帯が0.6％，その他の世帯が3.5％となっている（阿部2008：55-57）。これをみると，両親と一緒に暮らしている子どもは少なくとも6割以上，ひとり親にせよ親と一緒に暮らしている子どもは96.5％で，ほとんどの子どもが自分の親と暮らしている。

2　子どもの進学状況

日本の子どもの就学率と進学率について，『子ども・若者白書　平成23年版』[2]における義務教育就学率をみてみると，昭和35（1960）年以降一貫して

99％以上就学しており，ほとんどの子どもたちが義務教育を受けている。高等学校等への進学率では，1970年代にはすでに9割を超えており，平成2（1990）年以降一貫して95％以上で推移し，平成22（2010）年では98％となっている。日本の中学生のほとんどが高等学校に進学している。つまり，いまの中学校は，高等学校への進学を前提とした教育機関という性格を有し，ほとんどの中学生が，高等学校等の受験を控えた受験生であることがわかる。

　また，大学への進学率をみてみると，昭和35（1960）年には男子14.9％，女子5.5％で，計10.3％と，約10人に1人が大学へ進学していたが，その後は進学率が上昇し，平成22（2010）年では，男子52.8％，女子56.0％で，計54.3％と，男女ともに50％を超えており，2人に1人が大学へ進学する状況となっている。

3 子どもたちの学力

　1990年代以降，子どもの学力低下が問題視されはじめ，とくにOECDの「生徒の学習到達度調査（PISA）」の結果を受けて，日本の子どもの学力低下が懸念されるようになってきた。では，本当に日本の子どもたちの学力は低下しているのだろうか。

　「OECD生徒の学習到達度調査」2009年調査国際結果報告書を参考に，2000年と2006年と2009年における全参加国中の順位をおっていくと，読解力は8位⇒15位⇒8位へ，科学的リテラシーは2位⇒6位⇒5位へ，数学的リテラシーは1位⇒10位⇒9位へと推移している[3]。

　この結果をみると，読解力，科学的リテラシー，数学的リテラシーのいずれにおいても上位にあり，日本の子どもの学力が世界的にみて劣っているとは言い難い。

　一方，日本国内の子どもたちの学力の経年的変化についてみてみると，教育社会学分野では，苅谷剛彦らが『学力の社会学』において，1990年代を挟んだ2時点間の「学力」に着目しその変化を分析した結果を示している。そのなかで，耳塚寛明は1982年と2002年の2時点で実施されたほぼ同一の学力調査

の結果を用いて，学力の時系列的比較を行い，学力の低下を検討している（耳塚2004）。その結果，正答率をみてみると学力低下が確認できること，学力低下の原因は教育内容の変化に起因する部分と児童・生徒要因や社会的要因に起因する部分等に分けて考えられること，といった知見が導き出されている。

　さらに，苅谷は，1989年と2001年に実施した2時点間の比較調査データを用いて，子どもの育つ家庭環境がおよぼす「学力」への影響に着目し，家庭環境によって学力に差異がみられるかどうか，その差異は時代の変化のなかで拡大しているかどうかを検証している（苅谷2004：127-151）。2001年調査の結果から，学習意欲，学習行動，学習の成果いずれの側面においても，小学生，中学生ともに，家庭環境の影響が大きく，家庭の文化的階層によって差があることが明らかにされている。また，家庭環境が学力に及ぼす影響の経年変化に着目した結果，階層による学力差が拡大していることを明らかにした。つまり，家庭の文化的環境が学業不振に及ぼす影響が強まり，家庭の文化的環境が良いほど学業不振になる確率は低くなり，文化的環境が悪いほど学業不振となる確率が高まっている。このように，その生まれ育つ家庭的な背景が子どもの学力に強い影響力をもっていることが明らかにされた。

　以上のことから，日本ではほとんどの中学生が高等学校へ進学していること，世界的にみて日本の子どもの学力が劣っているわけではないこと，しかし，子どもの育つ家庭環境など生活環境要因が子どもの学力に影響を及ぼしていることがわかる。

4 子どもの体格と体力

　つぎに，子どもたちの体格や体力といった側面から，子どもの実態をみてみることにする。小学校，中学校の子どもたちの身長・体重は平成10（1998）年以降，一貫して横ばい傾向であり，ほとんど変化はみられない。運動能力については，体力水準の高かった昭和60（1985）年度と比較するとまだ低い水準にあるものの，小学生高学年以上の年代においては緩やかな向上傾向にある。しかし，『子ども・若者白書　平成23年版』によると，中学生女子で運動をほと

んどしない割合が相当数（30％以上）であることや，体力と生活習慣との関連を探った結果，子どもの体力と朝食摂取状況，睡眠などの生活習慣が関わっていることが判明した，と指摘されている（『子ども・若者白書 平成23年版』：15-16）。

5　子どもの犯罪

今度は，子どもの問題行動の指標として取り上げられる少年犯罪数，校内暴力件数，家庭内暴力件数，不登校児数，いじめ認知件数について，『子ども・若者白書　平成23年版』を参考にその統計的推移をみてゆく。

まず，刑法犯少年の検挙人員，人口比の推移をみてみる。

図1-1に示すように，刑法犯少年の同年齢層の人口千人当たりの検挙人員比をみると，昭和25（1950）年以降，緩やかな増減がみられるが，第1のピークである昭和58（1983）年以降減少傾向にあったのが，平成5（1993）年から増加に転じ平成15（2003）年の第2のピークを境に再び減少傾向にある。

平成22（2010）年度における刑法犯少年を年齢別にみると，「中学校から高等学校への移行年齢でもある15歳がもっとも多く，ついで16歳，14歳の順となっており」，中学生は32.8％で，高校生の39.5％についで多い。刑法犯少

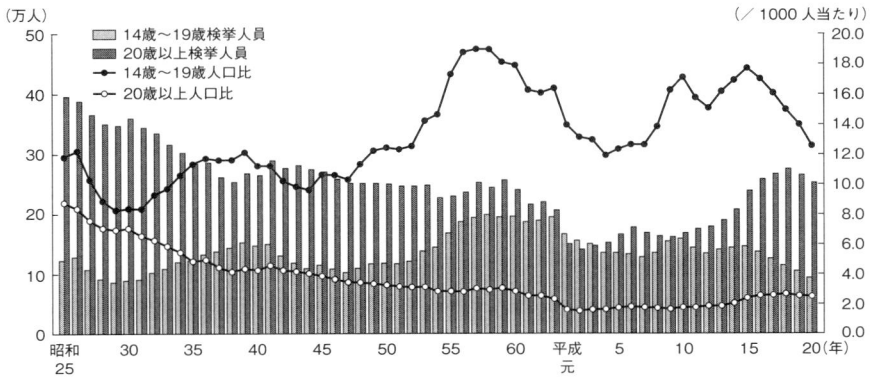

図1-1　「刑法犯少年の検挙人員，人口比の推移」

資料出所　内閣府『青少年白書　平成21年版』p.49

年の検挙数の推移をみてみると，平成15（2003）年以降減少傾向にあるものの，検挙された子どもの年齢に着目すると，15歳を中心に16歳，14歳が多くなっており，中学期から高校期に犯罪を起こす子どもが多いことがわかる。

校内暴力について文部科学省は暴力行為の発生件数を調査しているが，平成17（2005）年度以前と平成18（2006）年度以降では調査対象が異なっているため経年変化をとらえることが難しい[4]。しかし，新しい統計の取り方に変わった平成18年度と平成21（2009）年度の中学校での発生件数を比較すると，この4年間で13,151件も増加し，43,715件となっている。

また，警察が取り扱った校内暴力事件数の推移をみると，図1-2に示すように，統計が得られた昭和50（1975）年以降，増減はあるものの減少傾向を示していたが，平成9（1997）年以降再び増加傾向を示している。平成22（2010）年度では，全校内暴力事件1,211件のうち中学生の事件が1,118件と全事件数の92.3％を占めている。

中学生が起こした家庭内暴力の発生件数についても触れておきたい。『警察白書』の各年版を利用し，家庭内暴力についての統計が得られた昭和55（1980）年以降の発生件数の推移を示したものが図1-3である。家庭内暴力の発生件数は昭和58（1983）年をピークに減少傾向にあったが，平成7年（1995

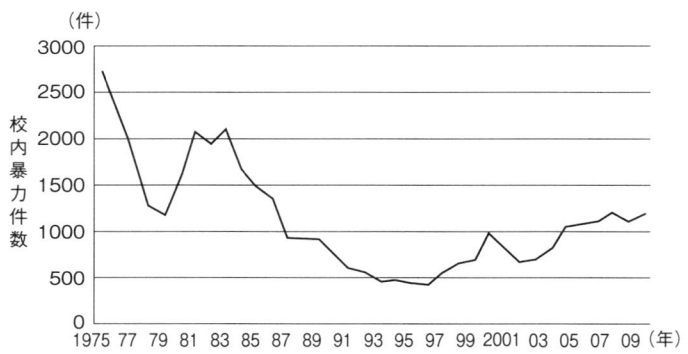

図1-2　校内暴力事件数の推移

資料出所　『警察白書』各年版

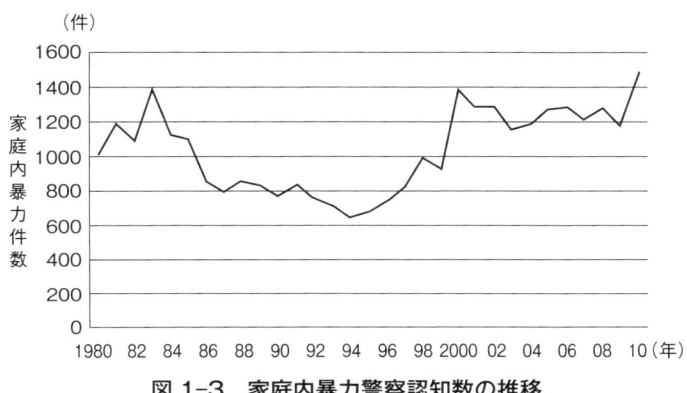

図 1-3 家庭内暴力警察認知数の推移

資料出所　『警察白書』各年版

年）以降増加に転じ，平成22（2010）年には1,484件となっている。

　こうしてみると，校内暴力，家庭内暴力ともに1990年代に一度落ち着いたかに見えたが，刑法犯少年の検挙数が減少しているのとは対照的に，1990年代後半から2000年代にかけて再び増加している様子を見出すことができる。子どもたちの暴力行為が，対外的な社会一般に向けてというよりも，身近な生活環境のなかで発生するようになってきているといえよう。

6　不登校

　図1-4に示したように，不登校児数の推移をみると，統計の取り方が変更になった平成10（1998）年度に不登校児数及び長期欠席者に占める比率が高くなっている[5]。平成13（2001）年以降は，ほぼ同じような水準で推移しているが，中学校においては，平成18（2006）年から若干ではあるが増加傾向を示している。

　不登校児数の推移については統計の取り方が変わったため，経年変化をとらえることが難しいが，中学校では平成18（2006）年以降，不登校児数が増加する傾向にある。子どもが学校に行かないことは，それ自体が問題なのではなく，子どもが学校に行きたいという気持ちがあるにもかかわらず，学校に行け

第 1 部　子どもの「生きづらさ」とは―理論編―

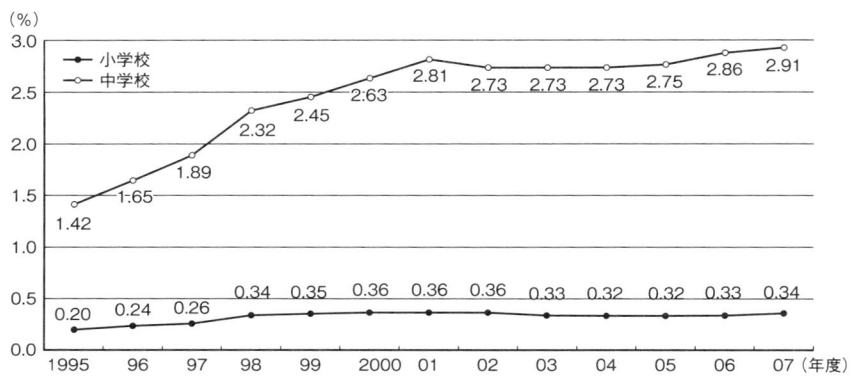

図 1-4　学校種別全児童生徒数に占める不登校児童生徒数の割合の推移
資料出所　内閣府『青少年白書　平成 21 年版』p.18

ないような何らかの原因があることや，学校に行きたくないという気持ちにならざるをえないような要因があることが問題といえよう。

7　いじめ

　つぎにいじめの認知（発生）件数の推移をみてゆきたい。いじめの調査についても校内暴力の調査同様に，平成 18（2006）年度より調査の内容が変わったため，経年変化をとらえることができない[6]。『子ども・若者白書　平成 23 年版』ではいじめについての資料が乏しいため，ここでは少し統計が古くなるが『青少年白書　平成 21 年版』を参考にする。

　いじめの認知（発生）学校数・認知（発生）件数の推移について図 1-5 をみてみると，平成 19（2007）年度を平成 18 年度と比較して，小学校では，認知学校数，認知件数ともに減少しているのに対して，中学校では認知件数は減少傾向にあるが，認知学校数にはあまり変化がみられない。

　また，平成 19 年度に，いじめを認知した学校の比率は小学校で 39.0％であるのに対し，中学校の比率は 64.0％，高等学校で 51.2％となっている。『青少年白書　平成 21 年版』によると，いじめの認知件数は「小学校から学年が進

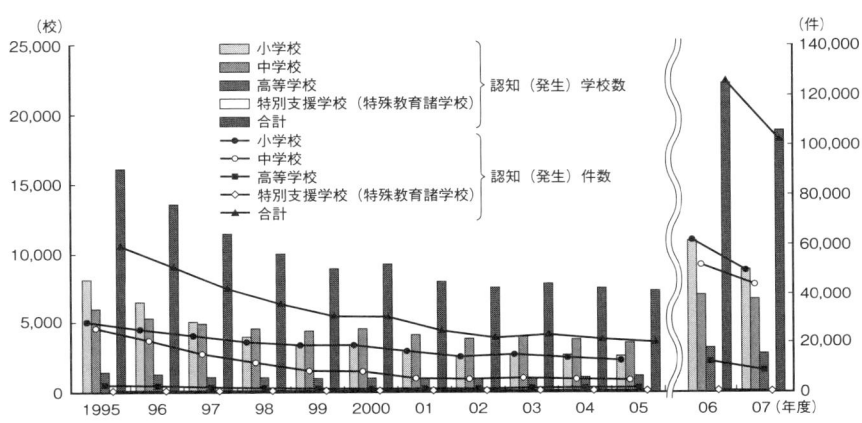

図1-5　いじめの認知（発生）学校数・認知（発生）件数（公立私立学校）の推移
資料出所　内閣府『青少年白書　平成21年版』p.16

むにつれて多くなり，中学1年生で最も多くなる。その後は学年が進むにつれて減少して」（青少年白書：16）おり，中学期におけるいじめの問題は解決すべき課題のひとつとなっていることがわかる。

いじめの様態についてみてみると，どの学校段階においても，「冷やかしやからかい，悪口や文句，嫌なことをいわれる」ことがもっとも多いが，学年が上がるにつれて「パソコンや携帯電話等で，誹謗中傷や嫌なことをされる」という割合が高まる傾向がみられる。携帯やネットを利用した情報化の進展によって，今後このタイプのいじめ行為がさらに増加することが予想され，近年情報機器の利用について規制を強化する動きが広まっている。

8　中学生の自殺

中学生の自殺数の推移をみてみると，統計が入手できた昭和52（1977）年103件，以降の自殺件数をみてみると，もっとも件数の多かったのが昭和61（1986）年の133件，もっとも件数が少なかったのが平成19（2007）年の51件で，平成22（2010）年は76件であった。子ども数の減少による影響を勘案し

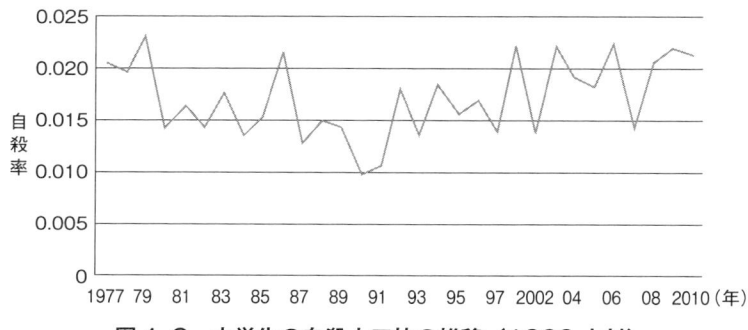

図 1-6　中学生の自殺人口比の推移（1000人対）

資料出所　『警察白書』各年版

て，当該人口 1000 人当たりの自殺件数の割合を示したものが図 1-6 である。図 1-6 からもわかるように若干の変動はあるものの，どの時代においてもほぼ一貫して中学生の自殺が見出される。

9　子どもの貧困

さいごに，最近の子どもの生活における貧困状態についてみておきたい。OECD（経済協力開発機構）加盟国で比較した相対的貧困率から，日本の貧困率の高さが懸念されるようになり，あわせて「子どもの貧困」が問題になっている。図 1-7 に示すように，厚生労働省が平成 21（2009）年に公表した相対的貧困率は 15.7％，子どもの貧困率は 14.2％となっている。内閣府発行『子ども・子育て白書　平成 22 年版』の資料によれば，2000 年代半ばの国際比較では，日本の子どもがいる現役世帯の相対的貧困率は 12.5％，ひとり親世帯については 58.7％となっており，ひとり親世帯の貧困率は OECD 加盟国 30 国中最下位という結果が示されている。

山野良一は，その著書『子どもの最貧国・日本』（2008）において，日本の子どもの貧困問題は長い間語られてこなかっただけでなく，現在も「貧困問題を真剣に受け止めようとはしていない」と指摘している（山野 2008：38）。統計をみると，子どもの貧困率は 1980 年代中ごろには約 10 人に 1 人が，1990

第1章 日本の「子ども」の実態

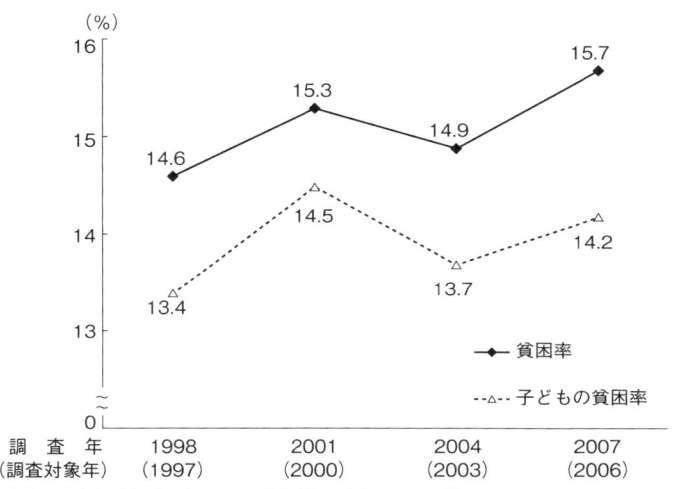

図1-7 子どもの貧困率
資料出所 厚生労働省ホームページより引用転載（http://www.mhlw.go.jp/houdou/2009/10/h1020-3.html）

年代には約8人に1人が，現在では約7人に1人の子どもが貧困状態に置かれていることが明らかになった。

第3節　まとめ

　ここまで，公表されているデータを用いて，現在の中学期にある子どもたちの様子を概観してきた。その結果，義務教育以降の高等学校等への進学率は極めて高く，ほとんどの中学生が高等学校へ進学していること，世界的にみて日本の子どもの学力が劣っているわけではないものの，国内に限ってみてみると学力低下の傾向にあること，子どもの学力に子どもの育つ家庭の文化的・経済的要因が影響を及ぼしていること，そして家庭の階層による学力差は拡大傾向にあることなどが明らかになった。

25

刑法犯少年の数に着目すると，その数の推移は減少傾向にあり，少年犯罪が増加しているとはいえそうにない。しかし，校内暴力事件や子どもによる家庭内暴力事件の数は，1990年代後半以降再び増加傾向にある。また，不登校児数も年々増加の傾向にある。また自殺についても毎年，一定数の子どもが自殺しているという結果となっている。

　さいごに，子どもが生活している世帯の貧困状態をみてみると，子どもの貧困率は14.2％となっており，子どもの生活上の貧困が無視できない状況となっていることが明らかになった。

　刑法等に規定する罪で検挙されるような対社会的な事件を起こす子どもは減少しているものの，学校内での暴力行為や，友人間でのいじめ行為など，身近な所属集団内に起因する問題行動が増加しているという特徴を見出すことができる。身近で私的な生活関係内において子どもが抱える課題が多くなっているとまとめることができよう。また子どもの育つ家庭の文化的・経済的要因が子どもの学力や貧困などに強く影響していることが明らかになり，子どもの生活をみていくうえで，家庭環境に着目する必要性が示唆された。

注

(1)　有識者懇談会報告書について

　　『青少年白書』「子ども・若者育成支援推進法」（平成21年法律第71号）に基づき，青少年育成のための「子ども・若者ビジョン」（平成22年7月23日）が子ども・若者育成支援推進本部決定した。これに先立ち，本田和子（座長），樋口美雄（座長代理）他17名によって，0歳からおおむね30歳未満の子ども・若者を検討の対象とした青少年の育成に関する有識者懇談会報告書がまとめられている。その目的は「今を充実して生きること」と「将来に向かって，試行錯誤の過程を経つつ，一人前の大人へと成長していくこと」を支援することであり「一人前の大人とは，社会のなかで自己選択，自己責任，相互支援を担い，他者とのかかわりのなかで自己実現を図る，社会的に自立した個人」と位置付けられている。その背景には，①戦後の荒廃期に制定された児童憲章では，児童は「守られ」「与えられ」「導かれる」受動的存在，②選択が個人に任

され，以前より自立が求められる今の時代では，青少年の社会的自立が課題，③社会の変容の下で，家庭や心身の状況などによる格差を青少年自身の努力で克服することが一層困難化している，といった青少年観の転換がある。
(2) これまで政府は，昭和31 (1956) 年から『青少年白書』を刊行してきたが，平成21 (2009) 年に制定された「子ども・若者育成支援推進法」に基づく法定白書と位置付けられ，その名称を『子ども・若者白書』と変更している。
　なお，この白書において，子どもは「乳幼児期，学童期および思春期の者」，若者は「思春期，青年期の者，施策によっては，40歳未満までのポスト青年期の者も対象」とされている。
(3) 国立教育政策研究所編『生きるための知識と技能：OECD生徒の学習到達度調査 (PISA) 2009年調査国際結果報告書』を参考にすると，調査参加国は，2000年調査で32カ国，2003年調査で41カ国，2006年調査で57カ国，2009年調査で65カ国と調査の参加国は回数を重ねる毎に増えている。したがって，たとえ同じ順位でも，参加国が増えれば上位に位置づけられることになる。
(4) 暴力行為の発生件数について，文部科学省の統計によれば，平成17年度までは公立小・中・高等学校を対象とする調査であったが，平成18年度からは国・私立小・中・高等学校も調査対象になっている。ここでは，経年変化をとらえるために警察が取り扱った校内暴力事件数の推移を挙げている。
(5) 不登校調査方法の変更：1998年より，学校基本調査における不登校のとらえ方が変更され，長期欠席日数が45日から30日に変わっている。そのことが，不登校児数の量的増加につながっていると推察される。
(6) いじめの状況の把握については，文部科学省の調査データが利用可能であるが，平成17年度までは公立小・中・高等学校だけが対象であったが，平成18年度からは国・私立小・中・高等学校も対象になっている。また，平成17年度まではいじめの発生件数をとらえていたが，平成18年度からはいじめの認知件数に変更になった。そのため，経年変化をとらえることが難しい。

引用文献

阿倍彩，2008，『子どもの貧困：日本の不公平を考える』岩波書店。
苅谷剛彦，2004，「『学力』階層差は拡大したか」苅谷剛彦・清水宏吉編『学力の社会学：調査が示す学力の変化と学習の課題』岩波書店。

国際教育政策研究所編，2010，『生きるための知識と技能：OECD 生徒の学習到達度調査（PISA）2009 年調査国際結果報告書』明石書店。
汐見稔幸，1996，「子どもと教育の社会学的研究の現状と課題」井上俊他編『子どもと教育の社会学』岩波書店。
汐見稔幸，2000，『親子ストレス』平凡社。
内閣府，2003，『青少年白書　平成 15 年版』。
内閣府，2009，『青少年白書　平成 21 年版』。
内閣府，2011，『子ども・若者白書　平成 23 年版』。
内閣府，2010，『子ども・子育て白書　平成 22 年版』。
耳塚寛明，2004，「教育課程行政と学力低下：関東調査による検討」苅谷剛彦・清水宏吉編『学力の社会学：調査が示す学力変化と学習の課題』岩波書店。
山野良一，2008，『子どもの最貧国・日本：学力・心身・社会におよぶ諸影響』光文社。
Havighurst, Robert J., 1953, *Human Development and Education*.（荘司雅子訳，1958，『人間の発達課題と教育』牧書店。）

インターネット
警察庁，『警察白書』，各年度　http://www.npa.go.jp/hakusyo/h22/index.html

●●●● 第 2 章 ●●●●

日本で育つ「子ども」たち
――「子ども」研究からみえてきた課題

　子どもを対象とした先行調査や先行研究には，政府機関の実施調査，民間の研究所や研究機関が実施してきた調査，家族社会学や教育社会学，家政学，心理学等の各分野で蓄積されてきた研究などが挙げられる。本章では，①政府実施調査，②民間研究所実施調査，③家族社会学・教育社会学分野における子ども研究，④家政学における子ども研究に焦点を当て，そこから見出される子どもの生活実態や意識の特徴を整理し，「子ども」研究の課題を提示する。

第 1 節　政府機関実施の「子ども」調査

　「子ども」を対象に実施され，公表されている政府主導の調査を探してみると，その数はさほど多くない。おもな調査結果について順次見ていこう。

1 1979 年『子どもの生活と意識に関する世論調査』からの知見

　内閣府は，1979 年の「国際児童年」事業推進のために，1978 年に子どもの意識や生活実態を明らかする目的で「子どもの生活と意識に関する世論調査」を行っている[1]。

　おもな調査項目は，子どもの悩みごと，将来何になりたいか，作ってもらいたいスポーツ・教養娯楽施設などである。調査結果から得られたおもな知見を以下に示す。

　知見①　将来に希望する暮らしとして，「趣味にあった暮らし」31.4％，「金

持ちでなくても清く正しい暮らし」が20.0％，「社会のためになるような暮らし」が12.1％と続く。

　知見②　放課後の楽しみは，「テレビを見ているとき」48.1％，「友だちといるとき」43.9％が半数近くを占め，「スポーツをしているとき」が36.1％と続く。

　知見③　子どもが抱えている心配ごとの高い順に，「勉強のこと」が32.4％，「進学（受験）のこと」が32.0％，「自分の将来のこと」が22.3％と続く。

　「友だちのこと」に関する悩みは13.1％と，他の項目に比べるとそれほど多くなく，勉強，進学，将来のことなど，自分のこれからに関わる項目が心配ごととして認知されていたことがわかる。

2　1982年『子供の意識に関する調査』からの知見

　内閣府は，1982年にも全国の小学5・6年生および中学生を対象にした『子供の意識に関する調査』（以下「1982年調査」と表記する）を実施している[(2)]。調査の目的には「最近，子どもの悩みや心配事の内容が多様化していると言われており，校内暴力，非行なども問題となっている。そこで，これらの諸問題に対する小学5・6年生及び中学生の悩みや家庭のしつけ，学校での生活及び少年非行など子どもの意識を調査し，今後の青少年問題を考えるうえでの参考とする」と記されている。

　調査項目は，1978年調査と同じ調査項目も設定されているが，その他に子どもの暮らし方，悩みや心配ごと，家庭でのしつけ，学校生活，少年非行の現状，将来の暮らし方などが加わっている。調査結果から得られたおもな知見を以下に示す。

　知見①　将来に希望する暮らしとして，1位が「趣味にあった暮らし」29.2％，2位「金持ちでなくても清く正しい暮らし」19.5％，3位「いい人と結婚して，楽しい暮らし」16.7％と続く。1978年調査と比べると，1位2位に変動はなく，回答の割合にもあまり変化はみられないが，3位が「社会のためになるようなことをして暮らしたい」から「いい人と結婚して楽しく暮らしたい」への変化がみられる。

知見② 放課後の楽しみは,「友だちと遊んでいるとき」57.0％,「テレビを見ているとき」50.4％,「スポーツをしているとき」32.5％と続く。1978年調査と比べると,1位と2位の順番が入れ替わっており,「友だちと遊んでいるとき」を選んだ子どもの割合が43.9％から57.0％へ増加していることがわかる。

知見③ 子どもが抱えている心配ごとの高い順に,1位が「勉強・成績のこと」36.4％,2位「もっと遊べる場所が欲しい」11.8％,3位「遊ぶ時間がない」11.6％と続く。

質問項目および質問の仕方が変更されており,1978年調査と単純に比較することができないが,勉強や成績に関する悩みが一番多い点は変わっていなかった。しいて違いを挙げれば,1982年調査では友だちのことや家庭内のことよりも,遊びに関する項目が子どもの悩みや心配事として選択される傾向がみられた。

それ以外の項目は新たに追加された項目で,親からどのようなしつけを受けているか,先生はどんな存在か,授業中の雰囲気について,授業,先生や友人関係など学校生活の満足度を問う項目,暴力行為や少年非行についての子どもの認識を問う項目などが設定されている。

知見④「親から自分の能力以上に期待されていると感じることがあるか」どうかを尋ねた項目では,「あまり感じることがない」が41.9％ともっとも多く,つぎに「多少感じることがある」が31.4％,「まったく感じることはない」11.1％,「わからない」8.8％,「強く感じることがある」6.8％という結果で,親からの期待をさほど感じることなく生活している様子がうかがえる。

知見⑤ 学校生活の満足については,「まあ満足している」52.5％,つぎに「満足している」28.3％,「あまり満足していない」14.2％,「満足してない」2.9％と続く。学校生活に対して「まあ満足」「満足」という肯定的な回答は80.8％と8割おり,学校生活に満足していない子どもは17.1％と約2割弱であった。

知見⑥ 授業の理解度については,「ある程度理解できる」40.3％,「半分ぐらい理解できる」27.4％,「ほとんど理解できる」26.2％と続く。授業が理解で

きるという回答者の割合は93.4％で，約9割以上の子どもが学校の授業を理解することができると回答していた。

　知見⑦　先生との関係については，「まあ満足している」が42.0％ともっとも高く，ついで「満足している」34.2％，「あまり満足していない」16.8％，「満足していない」4.8％であった。「まあ満足」「満足」という肯定的な回答の割合は76.2％で，4人に3人は先生との関係に満足していることがわかる。しかし，先生との関係に満足していない子どもも21.6％で，5人に1人は先生との関係に満足していないようであった。

　知見⑧　「担任の先生は，あなたの個人的なことや細かいことまで心配してくれるか」については，「はい」が53.7％，「いいえ」が46.3％と，肯定的な回答と否定的な回答がほぼ半数となっている。

　知見⑨　友だちとの関係について，「満足している」が61.4％，ついで「まあ満足している」32.0％，「あまり満足していない」4.8％，「満足してない」が1.1％であった。友だちとの関係については93.4％が満足と回答しており，ほとんどの子どもたちが友だちとの関係に満足している結果となった。

　この調査からは，1982年当時（現在38歳〜43歳）の子どもの生活の様子や意識の一端として，勉強がわからないと答えた割合が低く，先生や交友関係など学校生活に対する満足度は総じて高いこと，友だちと遊ぶことが楽しみである様子や，親からのプレッシャーをさほど感じていないで暮らしているといった姿がみえてきた。

3　『低年齢少年の生活と意識に関する調査』類調査からの知見

　つぎに取り上げるのは，内閣府が青少年対策の策定のために実施している調査である。内閣府政策統括官共生社会担当部門が公表している調査[3]として，1995年『青少年の生活と意識に関する調査』，1999年『低年齢少年の価値観等に関する調査』，2000年『日本の青少年の生活と意識に関する調査』，2005年『低年齢少年の生活と意識調査』，2007年『低年齢少年の生活と意識に関する調査』が該当する。5つの調査すべて，調査対象者は満9歳から満14歳まで

の男女(小学校4年生から中学校3年生)およびその保護者である[(4)]。

　調査項目について,子ども票は,基本的生活習慣,親子関係,学校生活,悩みや心配事,地域とのかかわり,保護者票は,仕事と子育て,親子関係,子育て・しつけなどを問うものとなっている。調査の目的について,「将来の社会的自立に向けた基礎を形成する時期にある低年齢少年について生活習慣や家族・友人との関係,規範意識等を把握するとともに,保護者の養育態度,子どもに対する意識等を明らかにすることにより,今後の青少年育成施策の検討のための基礎資料を得ることを目的とする」と記されている。ただし,これらの調査は経年変化をとらえるためではなく,その当時の社会状況に照らして,青少年問題の対策に必要な政策を策定するための基礎資料となることから,質問項目の違いや質問の仕方が異なっている。したがって調査結果を厳密に比較することができないが,2007年『低年齢少年の生活と意識に関する調査』(以下「2007年調査」と表記する)では,それ以前に実施した調査の同じ質問項目については,結果の比較を行っていることから,この調査をもとに,子どもの実態について知見をまとめておく。

　知見①　家庭での生活が楽しいかどうかについては,小学生では98.7%が,中学生では96.0%が,「楽しい」と回答しており,ほとんどの子どもたちにとって家庭での生活は楽しいと思えているようである。

　知見②　学校生活が楽しいかどうかについては,小学生では95.9%が,中学生では94.4%で,9割以上の子どもたちが学校生活に対して楽しいと思えていることがわかる。

　知見③　授業が理解できるかどうかについては,小学生では「あてはまる」が51.1%,「まああてはまる」が39.2%で,90.3%が学校の授業がわかると回答している。中学生では「あてはまる」と回答した割合が26.7%と少なくなり,「まああてはまる」の52.1%とあわせても78.8%となっている。中学生において,学校の勉強の理解度についての自己評価が低くなる傾向がみられる。

　知見④　「友だちからいじめられること」があるかどうかを尋ねた質問に対して,小学生で「よくある」が3.3%,「ときどきある」が9.0%で,小学生の

12.3％がいじめられることがあると回答している。中学生では「よくある」が1.2％,「たまにある」が3.6％で,中学生の4.7％がいじめられていると回答しているが,残りの95.3％はいじめられていないと回答している。この調査からは,小学生の方が中学生よりもいじめられることがあると回答した者の割合は高いという結果が得られている。

つぎに,質問の仕方が異なるので厳密な比較はできないが前出の1982年『子どもの意識に関する調査』(以下「1982年調査」と表記)から得られた知見を参考に,子どもたちの変化の様相を示しておきたい。

知見⑤　勉強の理解度について,「1982年調査」では,半分程度の理解にせよ,ある程度の理解にせよ,授業が理解できると回答した子どもの割合が93.4％であったのに対し,「2007年調査」では78.8％に減っており,授業がわかると回答している割合が減少傾向にある。

知見⑥　先生との関係については,小学生では88.9％が,中学生では86.3％が肯定的な評価をしている。ほとんどの子どもたちが先生との関係がうまくいっていると感じているようである。「1982年調査」では先生との関係について満足しているという肯定的評価が76.2％であり,「2007年調査」の86.3％と比べると,肯定的回答の割合が若干増加している傾向がみられる。

知見⑦　「友だちとの関係がうまくいっている」かどうかを尋ねた項目では,小学生では96.4％が,中学生では94.6％が肯定的な回答で,小学生・中学生ともに9割以上がうまくいっていると評価している。「1982年調査」では肯定的評価が93.4％であったことと比較すると,友だちとの関係に対する評価にはあまり変化がみられない。

知見⑧　悩みについて,小学生では1位が「勉強や進学のこと」で27.0％,2位が「友だちや仲間のこと」15.4％,3位が「健康のこと」12.7％となっている。「悩みや心配はない」と回答した者の割合は53.6％で,半数以上が悩みや心配はないと回答している。つぎに中学生では,1位が「勉強や進学のこと」で61.2％,2位が「友だちや仲間のこと」20.0％,3位が「性格のこと」18.7％となっている。「悩みや心配はない」と回答した者の割合は29.1％であった。

「1982年調査」には悩みの有無を問う項目がないため、「1995年調査」の中学生の回答と比較すると、「1995年調査」では「2007年調査」と同じく「勉強や進学のこと」が46.7％ともっとも多く、ついで「性格のこと」10.5％となっており、「悩みや心配はない」が43.7％であった。この12年間の間に、悩みや心配はないと回答した割合が、43.7％から29.1％に低下しており、悩みや心配を抱えた中学生が増加している様相が見て取れる。悩みの内容については、勉強や進学についての悩みが増加していること、それ以外にも、友だちのこと、自分の性格のこと、お金のことと多岐にわたっていることなどが明らかになった。

知見⑨ 「自分に自信がある」かどうかについて、小学生では「あてはまる」が11.6％、「まああてはまる」が35.8％で、自分に対して肯定的に評価しているものの割合は47.4％と半数以下となっている。中学生では、「あてはまる」が5.6％、「まああてはまる」が23.4％と、自分に対して肯定的に評価した者の割合は29.0％であり、残りの約7割の子どもが自分に自信がないと回答していた。

「自分に自信がある」かどうかについて、「1983年調査」の中学生の回答と比較すると、「あてはまる」が9.0％、「まああてはまる」が32.1％で、41.1％の中学生が自分に自信があると回答していたのに対し、「2007年調査」では29.0％と、この24年の間に「自分に自信がある」と回答した子どもの割合は12.1％も減少している。逆にいえば、自分に自信のもてない子どもが増加していることがわかる。

子どもに関する政府実施の調査結果から子どもたちの変化を追ってみたが、近年の子どもたちの傾向として、先生や友人との関係については良好だと評価する割合が増えているものの、とくに中学生の悩みが増えていること、自分に自信がもてないなど自己評価が低くなっていることなどが明らかになった。

第2節　民間研究機関による「子ども」調査からの知見

これまで、公的機関が実施してきた「子ども」に関わる調査結果をみてきたが、1990年代以降、くもん子ども研究所やベネッセコーポレーションなど学

習機関を母体にもつ民間の研究所や研究機関が「子ども」を対象にした調査を実施するようになってきた。そこで，ここからは民間研究機関実施の「子ども」対象調査から得られた知見を整理しておきたい。

たとえば，くもん子ども研究所調査「父と子のコミュニケーション」（1990）では，小学校5年生，中学校2年生，高校2年生の子どもを対象に調査を行っている。調査項目として，社会性に関わる15項目を設定し，子どもに対して，各項目にどの程度当てはまるか選択させ社会性を測定した。その結果，子どもの社会性は，父親とのコミュニケーションの高低に左右され，父親とのコミュニケーションがとれている子どもほど，社会性を身につけている，といった知見が導き出されている。

この他に，「子どもの成長と自立」（1996）では，小学校5年生，中学校2年生，高校2年生の子どもを対象に，親の養育態度について尋ね，親の養育態度と子どもの生活習慣や社会性度との関連を探っている。

これらの調査では，子どもを調査対象に，親の養育態度，しつけなどを尋ねており，どのような親の養育態度が，子どもの家庭観や社会性に影響を及ぼすかという視点から調査が行われている。親のしつけ方や教育の改善に寄与する情報の収集という側面が強い。

1 ベネッセ「モノグラフ中学生の世界」調査からの知見

同じく民間の学習教育機関ベネッセ教育研究所では，子どもを対象に，子どもの生活の様子や子どもの価値観などの調査を行っている。おもな調査研究の成果をまとめておきたい。

1995年の「モノグラフ中学生の世界　中学生は変わったのか～1983年との比較～」調査は，中学生の意識が変わってきたかどうかを明らかにするために，「1983年前後の実施した調査の項目を利用して，1995年に調査を実施し，両者を比較した」ものである（深谷 1995：2）。調査は，首都圏（東京・埼玉・神奈川）の公立中学校に通う中学生を対象に，学校通しによる質問紙調査によって実施されている。以下，「1983年調査」「1995年調査」と表記する。

第2章　日本で育つ「子ども」たち——「子ども」研究からみえてきた課題

調査項目は，学校生活，家庭での生活，善悪の感覚・規範意識，職業観，自己のタイプなどである。

知見①　「1995年調査」では，学校の授業を理解できるかどうかについて，「授業が3割程度しかわからない」と回答している割合は約3割であった。勉強の理解度について「1983年調査」と「1995年調査」では変化がみられない。

知見②　「1995年調査」において，消極的な肯定も含めると，8割から9割が親との仲が良いと回答していることから，おおむね親との関係は良好であることがわかる。しかし「1983年調査」と比べると，父親との関係，母親との関係いずれについても，肯定的な評価の割合が低下している。

知見③　「1983年調査」と比べると，1983年では学年が上がるにつれて親に対する評価が下がり，親との距離をとり始める傾向があるのに対し，「1995年調査」では学年が上がっても親に対する評価が低下しない。

知見④　親を超えられるという気持ちをもてるかについて，「1983年調査」と比べると「1995年調査」では，親を超えられないと思っている割合が高くなっている。とくに，中1よりも中3の方が親を超えられないと回答する割合が高く，学年が上がるにつれて親を超えられないという思いが強まる様子がうかがえる。

知見⑤　将来への見通しについて，「1983年調査」と比較すると，「1995年調査」では一流選手や政治家など大きな社会的目標の達成を諦めている割合が高くなっている。また，将来就きたい職業も，「責任のある仕事」を避けて，「ハデで，誰でもできる，人と一緒にする」楽しい仕事を選ぶ割合が増えている。

2001年「モノグラフ中学生の世界　中学生の悩み2001」では，首都圏の中学生を対象に，日常生活や，悩み，自己評価等について尋ねている。おもな知見を以下に示す。

知見①　「自分のことが好きか」について，「とても好き」と「わりと好き」を合わせた肯定的評価の割合が31.2％，「あまり好きではない」「ぜんぜん好きではない」という否定的評価の割合が39.7％で，肯定的回答よりも否定的回答

の割合の方が高く，中学生が自分に対して否定的な感情をもっている。

　知見②　「将来就きたい仕事やかなえたい夢の有無」について，全体で「ない」と回答した割合が9.7％と，約1割が将来の展望をもっていない。しかも学年が上がってもその割合に変化がみられないことから，学年に関わらず将来に展望をもてない子どもがいることがわかる。一方，学年が上がるにつれて「ないが探している」と回答する割合が増加しており，自分の将来を模索し始める傾向がみられる。

　知見③　中学生の悩みについてみてみると，悩んでいることとして「学業成績」がもっとも多く，ついで「将来の進路」「高校受験」と続いている。とくに学年に上がるにつれて，その割合が高くなり，高校への進学率が9割以上の日本では，中学生にとって進路や学業成績は悩みの種といえる。

　知見④　性別に悩みをみると，女子は，「みんなから好かれるにはどうしたら良いか」「親しい友だちはどうやったらできるか」「自分の性格について」「身長や体重について」「顔や自分の外見について」の項目で男子と差がみられ，中学生の女子が，交友関係や性格や容姿について悩んでいることがわかる。

　2004年「モノグラフ中学生の世界　中学生にとっての家族～依存と自立の間で2004」では，首都圏の中学生を対象に，日常生活，家族との関係等について尋ねている。おもな知見を以下に示す。

　知見①　家にいるときの気分について，「のびのびできる」という回答は84.2％，「安心できる」が81.3％となっており，中学生にとって家庭は安心できてくつろげる場になっている様子がうかがえる。一方，家にいても「孤独」と回答した者が15.1％おり，家庭が心安らぐ場所になっておらず，孤独を感じている子どもが少なからずいることが明らかになっている。

　知見②　父親との関係については77.7％，母親との関係については87.4％が肯定的に評価している。父親よりも母親とうまくいっていると感じている子どもが多いが，全体的に親との関係がうまくいっている様子がうかがえる。「1983年調査」および「1995年の調査」と比較すると，父親に対する肯定的評

価は 86.5％ → 80.8％ → 77.7％ に，母親については 92.8％ → 88.2％ → 87.4％ へと，若干ではあるが肯定的評価の割合は減少傾向にあることがわかる。

これまで，ベネッセ調査の実施に携わってきた深谷昌志は，いまの中学生の特徴について，「中学生から第2次反抗期が消えて，なだらかな成長というスタイルが定着したのがわかる」と解釈している。しかし一方でこのような子どもたちの現状に対して「第2次反抗期が，子どもが親から自立する過程だとするならば，反抗期を持たない生徒はどう親から自立するのかが気がかりとなる」との警鐘を鳴らしている（深谷 2004：1）。

2 青少年文化研究会「子どもたちの生活世界」調査からの知見

つぎに，伊藤忠記念財団が，藤田英典を研究代表とする青少年文化研究会に委託して実施した子どもの実態調査の報告書である「子どもたちの生活世界：小・中学生の生活と意識についての調査報告書」(1995) を取り上げる[5]。

調査項目は，家庭生活について，生活習慣・生活時間，人間関係やしつけ，親に対する意識などである。学校生活については，学習の習慣や成績，学校生活の構えや規範意識などである。この他に，友人関係，メディア行動，消費行動，自分に対する意識などを尋ねている。

おもな分析課題は，子どもの生活世界を描くこと，現代の子どもの楽しさの構造を明らかにすること，子どもの自己意識と人間関係との関連をみること，子どもの自己評価を規定している要因を析出すること，子どもにとっての学校とメディアの意味を明らかにすること，子どもにとっての家族の影響を明らかにすること，などである。その結果，子どもの実態に関わる知見として導き出されたものを以下に示す。

知見① 「学校に行きたくない」という「不登校気分」が高い人ほど生活満足度が低く，先生との関係や友人との関係で「嫌なことがある」子どもほど，「学校に行きたくない」と思うことが多い。

知見② 成績が最下位の子どもの場合は「毎日の生活が楽しい」という気持ちがかなり低いが，それ以外の子どもの場合には，学校の成績は日々の生活の

楽しさには大きな関連は見出せない。

　知見③　子ども部屋の有無や専用のテレビ，電話の所有や高額な小遣いは，子どもたちの日々の生活の楽しさには直接関連がみられない。

　知見④　自分の家族に全然不満を感じないと答えた子どもは，毎日の生活が楽しいと答えており，家庭の人間関係や雰囲気が大きな影響を与えている。

　知見⑤　子どもの「自分には良いところがある」「何でもやる気になればできる」といった自己評価に関する意識は，日常的な家族コミュニケーションや献身的な教育のような家族関係の情緒的・表出的側面によって形成維持されている。

　知見⑥　親との接触が多い群は少ない群に比べて，規範意識が強く生活態度もきちんとしている，自分に対する自己評価が高い，といった傾向がみられる。

　学校生活において，先生や友人との関係が悪くなることが，学校に行きたくないという気持ちにつながり，学校に行きたくないという気持ちは，子どもの生活満足度を低くする要因となっているようである。

　家庭の雰囲気や親との接触の多寡は，子どもの規範意識の形成や生活習慣の確立のみならず，自分に対する評価や生活満足度にも影響を及ぼしていることがわかる。

第3節　家族社会学・教育社会学における「子ども」研究からの知見

　ここからは，学術研究として実施されてきた「子ども」研究からの知見をまとめておきたい。教育社会学の分野における子ども・青年調査の蓄積は膨大であることは言うまでもない。しかし，子どものとらえ方について，山村賢明の言葉を借りれば，「教育社会学における子どもとは，〈発達〉や〈教育〉という大人の視線にとらわれた子どもであり，社会化され教育される客体という様相を強く帯びている」といえる（門脇他編　2008：313）。本研究は，子どもの目線に立って子どもをとらえたいという志向があることから，子どもを直接対象とした研究を取り上げる。

　そのひとつに，神原文子・高田洋子らの論考がある。神原らは，子どもとそ

の親をセットにした調査データをもとに，親の子育ての仕方や親子関係評価と，子どもたちの生活実態や自己評価，親子関係評価など，父・母・子の三者間の分析を行っている[6]。

おもな分析課題は，親の第1世代から第2世代への親子関係における考え方と実態の変化をとらえること，社会的階層による子育ての価値観や子育ての違いを明らかにすること，親自身の親観が子どもとのかかわりに及ぼす影響を明らかにすること，親の子育ての仕方や親子関係評価が子どもの生活実態，自己評価等との関連を見出すことなどである。導き出されたおもな知見を以下に示す。

知見① 現在の親が子どもに強く期待している社会化課題は，「最後まで努力すること」「自分で考える力」「自分の気持ちを表現できる」「良識ある判断」「責任感のあること」「礼儀正しいこと」であり，他者とのかかわりにおける「仲間を引っ張っていけること」「正義感が強いこと」などは一部の親にしか支持されていない。

知見② 子どもからみた親夫婦の関係についての評価と「家庭は大変あたたかい感じがする」かどうかの間に高い関連がみられ，子どもにとって，両親の仲が良いと思えることが家庭が暖かい場と感じられる重要な要因となっている。

知見③ 親夫婦の仲が良いと思っている子どもは，父親とも母親ともよく話をしているが，親夫婦の仲が良いとは思えない子どもでは，母親および父親と話をしなくなる傾向にある。

知見④ 親夫婦の仲が良いと思っている子どもは，父親についても母親についても「自分の気持ちをわかってくれる」「どんな時でも頼りになる」という評価が高く，親夫婦の仲が良いと思えないとそれらの評価は下がる。

知見⑤ 家庭は暖かいと感じられない子どものなかに，何かの問題に直面した時に，親を頼りにできず，友だちに頼ることもできず，有効な解決策を見出せそうにない子どもたちが少なくない。

知見⑥ 学歴が高い層ほど，子どもの教育に対する関心も子育て投資も高いが，総じて現在の親は自分が育てられた以上に，自分の子どもの教育に力を注ぐ傾向がある。

知見⑦　朝食はきちんと食べるという規則正しい食生活の習慣がない子どもは，家庭を暖かいと感じる割合が低く，母親に対して否定的な評価をする傾向がみられる。

知見⑧　学校を休みたいと思ったことのある子どもは，学校に対しても家庭に対しても疎外感を感じていることが予想される。

知見⑨　「学校の勉強はよくわかる」と回答した子どもの親は，子どもの「学校成績」や「しつけ」「生活態度」に満足しており，子ども自身も「家庭は大変あたたかい」と評価しており，良好な親子関係は，子どもの学校での成績にかかっている。

知見⑩　子どもの自立度には，子どもと両親間の会話があり，家庭が温かく感じられることや，両親とも人権重視の子育て観が強いこと，子どもの生活リズムが確立されていること，子どもが自分の将来の目標に向けて頑張る経験をすることなどが関連している。

　この調査および分析の意義は，父親や母親の生活者としての生き方と子育てとの関連について実証的に分析しており，親の定位家族での育てられ方と，現在の子育てやしつけの仕方との関連から，子育ての文化の伝承や変容の解明を試みている点，とりわけ子どもの視点に立って，親を子どもにとっての生活環境のひとつと位置づけ，他のさまざまな環境要因を包括的にとらえ，子どもからみた親子関係の傾向や，親夫婦の仲の良さと，母子・父子関係の良否との関連を探っている点にある。

　神原は，引き続き親子関係を体系的に分析する試みを展開するなかで，同和地区内外の学力格差を生み出している要因の分析および子どもたちの生活実現に関連する要因の分析に着手し，研究結果を『教育と家族の不平等問題』に著している。階層と教育達成や，親の子育てやしつけ，再生産論研究など個別の研究は進んでいるものの，これらを総合的に組み込んだ実証研究が手薄であることから，社会階層と家族の関わりや社会的差別が家族に及ぼす影響について実証的な検討を試みたものである。

第2章 日本で育つ「子ども」たち――「子ども」研究からみえてきた課題

　小学生や中学生などの義務教育期はとくに生活上における選択の機会が少なく，定位家族の影響を強く受ける。この研究では，親子関係を，子ども，母親，父親の三者の立場からとらえるだけでなく，階層的要因に規定された親の社会・文化・経済的な資本の差が，子どもたちの教育達成および育ち方に及ぼす影響について詳細な検証を行っている[7]。

　神原は，子どもを生活主体と見なし，「子ども自身の生活システムの組み立てにおいて，生活諸課題の達成可能性を生活実現力ととらえ，生活実現力の測定指標を作成することによって，生活実現の育成に関わる生活諸要因を検討」（神原 2000：45）している。子どもの生活システムを中心に据え，子どもの生活課題＝生活実現力の育成に，学習理解度といった学習状況，教師や友人関係を含めた学校生活，生活習慣や家庭の雰囲気，親子関係といった子どもの家族状況，地域，階層を視野に入れて，その関連を分析しているところに，この研究の特徴と意義を見出すことができる。

　おもな調査項目は，学力・生活実態調査項目，親子関係や子育てに関する項目，および生活実現項目・生活自立度項目などである。導き出されたおもな知見を以下に示す。

　知見①　子どもの学校外での学習時間，学習への態勢，進学希望は，学年差や地域差に関わらず，子どもの学習理解度に強い規定力をもつ。

　知見②　学習理解度が高くない子どもたちのなかに自分は勉強ができる方だという勉学自信度の低い子どもが少なくなく，自分を好きだと思える子どもが少ない。つまり学習理解度は勉学自信度や自己受容度などの自尊感情と関連している。

　知見③　学習理解度には，子どもの親に対する信頼感，親の教育重視の意識や進学期待，子どもの進学希望，生活実現度や生活志向度の影響が大きい。

　知見④　生活志向，生活自立力，サポートネットワークは相互に関連しており，それぞれが生活実現度と関連している。

　知見⑤　同和地区か地区外かによって地域格差があり，そのことが階層格差を生み出している。その結果，家族の階層的要因が親の進学期待，教育重視の

意識につながり，子どもの学習状況や教育達成に影響を及ぼしている。

知見⑥　同和地区内外で，家庭の暖かさについての評価や，両親の仲の良さについてといった親子の情緒的な関わりに有意差はみられない。また子どもからみて両親の仲が良いと思えることが家庭が暖かいと感じることのできる重要な条件であると同時に，両親の仲の良いことは父親および母親に対する子どもの信頼感を高めている。

知見⑦　情報処理力，信頼獲得性，関係調整力，被受容性から成る「生活自立度」について，小学生と中学生との間に有意差がみられない。しかし，同和地区内外で比較すると，小学生も中学生も同和地区の方が同和地区外より有意に低く，地域格差がみられる。

しかし，子どもにとっての最重要生活課題と，生活実現度および生活システム構成諸要素との間の偏相関係数[8]がいずれもあまり大きくなかったことについて，神原は，「最重要生活課題のなかに『別にない』という項目が含まれていることが一因である」と考えている。そのうえで，今後の課題として，子どもがどのような事柄を最重要の生活課題とし，その生活課題達成に向けて取り組んでいるか，生活課題の充足感などを詳細に問う必要性を挙げている（神原 2000：238）。

第4節　家政学における「子ども」研究からの知見

日本家政学会家族関係学部会研究活動委員会では，「子ども」を中心にとらえる研究の必要性から，2001年から「子どものウェルビーイング」に焦点をあてた研究を展開した。ウェルビーイングという用語は，国連採択「子どもの権利に関する条約」のキーワードとして使用され，子どもの心の「よい」状態を総合的にとらえる概念として注目されるようになった。近年の子どものウェルビーイングへの関心の高まりと連動して，子どものウェルビーイング概念の尺度化（高橋 1998，木村・畠中 2005）やウェルビーイング尺度を用いた実証的研究の蓄積がみられるようになっている（木村・畠中 2003，日本家政学会家族関

係部会研究活動委員会 2005）。

　日本家政学会家族関係学部会研究活動委員会では，ウェルビーイング概念を，「人権の尊重・自己実現，子どもが子どもらしさを保ち，みずからの潜在的な可能性を開花させつついきいきと生活している状態」と定義し（日本家政学会家族関係学部会研究活動委員会 2005：3），子どものウェルビーイングを測る領域として「自分ウェルビーイング」「家族ウェルビーイング」「学校ウェルビーイング」「友だちウェルビーイング」「地域ウェルビーイング」の5領域を設定し，小学5・6年生の子どもおよび保護者を対象に調査を行った（日本家政学会家族関係学部会研究活動委員会 2005）。子どもの生活世界を家族だけではなく，学校や地域社会にまで広げ，子どもの所属する各種の生活世界とのかかわりにおいて，子どものウェルビーイングの高低をはかろうとした点が特徴である。

　私が，協同研究者とともにこの研究に携わり，子どものウェルビーイングを母子両者の認知のタイプによってはかる試みを行った成果を挙げておきたい[9]。

　この研究では，子どもに対する親の一方的な思い込みや，子どもの側の「親はわかってくれない」といった両者の思いの食い違いが，親子関係や子どもの心の健康にどのような影響を与えているのかという点を明らかにしようとした。しかし，これは非常に重要なテーマでありながら，実証的な研究を行うには大変難しく，親子双方の姿をどのようにとらえていくのか，また子どもの心の状態をどのように測定するのかという問題に直面する。そこで，親子に同じ質問をすることによって，両者の認識の食い違い，あるいは共通認識の程度を把握したいと考えたのであった。

　研究目的は，第1に親子両者の認知をとらえるために，小学校高学年の親子間の認知の一致・不一致による認知タイプを把握すること，第2に親子の認知タイプと子どものウェルビーイングとのかかわり方を明らかにすること，第3に子どものウェルビーイングを高める親子関係とはどのような親子関係であるのかを検討することであった。

　私たちは，子どもと母親の双方に，親子の共有行動や親との関係について尋ね，その評価の仕方に着目してタイプ分けした母子間の認知タイプに着目し，

母と子の認知タイプの違いと子ども自身の自分ウェルビーイング[10]との関連や，子どもの健康な心の状態との関連を明らかにしようとした。

　この調査で用いた自分ウェルビーイング尺度は，「自分という人間を気に入っている」「自分のいろいろな能力を伸ばしたい」「自分の将来に夢や希望を持っている」「自分にとって大切なことは自分で決められる」「人前で自分の意見をきちんと述べることができる」という指標を用いた。それぞれの項目について「とてもそう思う」「まあそう思う」「あまりそう思わない」「まったくそう思ない」の回答の選択肢を設け，それぞれに4，3，2，1の各点を配し，自分ウェルビーイング得点を算出した[11]。

　つぎに，親子の共有行動や親や家族に対する評価をとらえるための指標として，「一緒に過ごす時間」という共有時間，「一緒に家事をする」「一緒に買い物に行く」「一緒に遊ぶ」「勉強をみてくれる」という共有行動，「困ったときに力になってくれる」「大切に思ってくれる」「ありのままを認めてくれる」「家族といるとほっとする」という親や家族に対する評価について，母親と子どもそれぞれに対し，「とてもそう思う（よくする）」「まあそう思う（まあする）」「あまりそう思わない（あまりしない）」「まったくそう思わない（まったくしない）」の4件法で尋ね，それぞれ4，3，2，1の各点を配した。各項目における子どもの回答と母親の回答の4点と3点を肯定群，2点と1点を否定群とし，子どもと母親の回答の組み合わせにより，図2-1のように4つの認知タイプを設定した。

　基本属性別に子どものウェルビーイング得点の平均点を算出し，T検定を行った。その結果，子どもの性別，家族形態，親の就業形態のいずれにおいても有意差はみられなかった。

　そこで，図2-1に示した「子ども肯定・母肯定一致タイプ」「子ども肯定・母否定不一致タイプ」「子ども否定・母肯定不一致タイプ」「子ども否定・母否定一致タイプ」という母子の認知4タイプと，子どもの自分ウェルビーイング得点との関連について，一元配置分散分析および5％水準のTukey法による下位検定[12]を行った。おもな知見を以下に示す。

		母親	
		肯定（4点・3点）	否定（2点・1点）
子ども	肯定（4点・3点）	I．子ども肯定・母肯定一致タイプ	II．子ども肯定・母否定不一致タイプ
	否定（2点・1点）	III．子ども否定・母肯定不一致タイプ	IV．子ども否定・母否定一致タイプ

図 2-1　母子間の認知タイプ（4 タイプ）

知見①　一緒に過ごす時間の満足に対する認知タイプと自分ウェルビーイング得点との間に有意な関連はみられなかった。

知見②　「一緒に家事をする」について，「子ども否定・母否定」よりも，「子ども肯定・母肯定」「子ども肯定・母否定」の子どもの方がウェルビーイング得点は有意に高い。「一緒に遊ぶ」について，「子ども肯定・母肯定」が他の3タイプよりも，ウェルビーイング得点は有意に高い。

子どもが「母親と一緒にしている」と感じていることがウェルビーイングを高めており，さらに，母親も一緒に行動しているという感覚を持つことによって，子どものウェルビーイングが高まる結果となっていた。

知見③　「困ったときに力になってくれる」「大切に思ってくれる」「家族といるとほっとする」について，「子ども肯定・母肯定」は，「子ども否定・母肯定」よりも，ウェルビーイング得点が有意に高い。

知見④　「ありのままを認めてくれる」について，「子ども肯定・母肯定」の子どものウェルビーイング得点は，「子ども肯定・母否定」「子ども否定・母肯定」よりも，また「子ども肯定・母否定」のウェルビーイング得点は，「子ども否定・母肯定」よりも有意に高いという結果が得られた。

子どもが「母親や家族は自分を助けてくれ，自分は大切にされている」という感覚を強くもち，かつ母子双方でそういう意識を共有していることが，子ど

ものウェルビーイングを高めることにつながることが示唆された。逆に，母がいかに肯定的に認知していても，子どもがそのように認識していなければ，子どものウェルビーイングは高まらないといえる。

　この調査研究からは，子どものウェルビーイングには，親の評価よりも子ども自身の評価が影響していること，そして，親と子どもが肯定的に親子関係をとらえ，評価の一致している方が不一致の場合よりも子どものウェルビーイングが高まることが明らかになった。

　つまり母から高い評価を得ている子どものウェルビーイングが高まるのではなく，母と子が家庭という空間で共に行動していることがウェルビーイングを高めていること，母は自分のことを大切に思ってくれていると子どもが認知していることがウェルビーイングを高めるなど，母との相互作用のありようが子どものウェルビーイングに影響しているという様相の一端が明らかになった。

　とりわけ，親が子どもに対してどう接しているかという親の認知よりも，子どもが親のことをどう感じているかの方が重要であることがわかってきた。つまり，親は一生懸命やっていないと思っていても，子どもが親は一生懸命やってくれていると感じている方が，ウェルビーイングが高まるのである。以上から，親からみた子どもではなく，子どもは自分の生活をどうとらえ，どう評価しているのかについて，さらなる研究の蓄積が必要であると思うにいたった。

　また，私たちのウェルビーイング調査では，家族や学校，友だち，地域など子どもの生活諸側面に着目し，それぞれの生活領域における生活実態を尋ねているものの，ウェルビーイングと各領域における生活の様子との関連の分析は個別に行われており，それぞれの生活領域における資源を相互にやりくりしながら自分自身の生活を組み立てながら生活しているという視点，つまり，生活をシステムとしてとらえるシステム論的な視点が不足している。家庭や学校や地域など，子どもの生活世界を総合的に関連付けて，子どもの生活そのものを把握しようとするねらいが希薄であったことが指摘できる。

第2章　日本で育つ「子ども」たち——「子ども」研究からみえてきた課題

第5節　まとめ

　子どもを対象に行った各種調査の結果をみる限り，家庭生活や学校生活の満足度が高く，子どもたちの生活が以前に比べて悪くなっているという傾向は見出されず，ほとんどの小中学生が安定した生活を送っている様子が浮かび上がった。

　しかし中学生になると，各調査項目に対する反応として，消極的な肯定評価をする傾向があることや，親との関係は良好であるものの親への依存度が高く自立の傾向がみられないこと，自分に自信をもてないあるいは誇れるものがないといったように自分に対する評価が低い子どもの割合が増加していること，という特徴も見出された。

　まとめてみると，いまの子どもの特徴として，自己肯定感の低さや，将来に対する積極的なモチベーションの低さ，親を超えられないといった自立性の低さなどが挙げられる。

　一方，先行研究の知見から，規則正しい食生活の習慣が家庭や母親に対する評価に影響していることや，子どもからみた親夫婦の関係についての評価は，「家庭は大変あたたかい感じがする」かどうかや，父母が「自分の気持ちをわかってくれる」「どんな時でも頼りになる」かどうかの評価と関連していることなど，子どもにとって，両親の仲が良いと思えることが家庭が暖かい場と感じられる重要な要因となっていることがわかった。

　学校を休みたいと思ったことのある子どもは，学校に対しても家庭に対しても疎外感をもちやすく，生活満足度が低くなっている。

　家庭の雰囲気や親との接触の頻度は，子どもの規範意識の形成や生活習慣の確立だけでなく，自分に対する自己評価や生活満足度にも影響を及ぼしている。

　また，家族の階層的要因や親の進学期待，教育重視の意識は，子どもの学習状況や教育達成に影響を及ぼしている。一方，学習理解度には，子どもの親に対する信頼感，親の教育重視の意識や進学期待，子どもの進学希望，生活実現

度や生活志向度の影響が大きく，子どもの育つ家族の階層，親の子どもへの関わり方と，子どもの学習状況，さらに子どもの生活実現度など，子どもの生活システム上の生活諸要素がともに関わりあっている様相が明らかになった。

　本章を締めくくるにあたり，「子ども」研究の課題についてまとめておきたい。

　①公的機関の調査は，調査時の社会状況における「子ども」の実態を把握するための基礎資料と位置づけられており，質問項目の違いや質問の仕方が異なっている。したがって調査結果を厳密に比較することができない。そのため，子どもがどのように変わってきたのかを探ろうとしても，その経年変化を把握するような調査設計にはなっていないことから，経年変化がとらえられるような調査の設計が必要である。

　ベネッセ調査は，同じ調査項目を用いて調査を実施している数少ないデータである。ただし，ベネッセ調査の調査対象者は大都市圏居住の子どもたちがほとんどで，地域の特徴を反映した調査となっていない点が指摘できる。藤田らが行った全国調査のように，通塾や中学受験や私立あるいは公立志向などその地域の進学志向の特徴や，その地域の社会・経済・文化的特徴を視野に入れた調査の蓄積が必要である。

　②「子ども」をとらえようとすると，どうしても親との関連においてとらえがちだが，子どもの生活は，家族だけではなく，学校やサークル，地域社会など他の外部集団とも密に関わっている。子どもを取り巻く親や教師，友人，近隣といった関係性や，子どものもっているさまざまな資源を包括的に視野に入れた生活システムを援用することの有用性が明らかになった。

　子どもの生活を生活システムとしてとらえ，子どもを生活主体ととらえることによって，問題状況に直面した時に子どもが行う生活諸要素を駆使した対処の内実，生活システムの改編の可能性の実態などに接近することができ，子ども自身がもつ力を高めるための方策を探る手がかりになると考えられる。

　③これまでの調査研究では，自尊感情やウェルビーイングなどパーソナルな自己評価に着目した研究が多かった。そのために調査の主眼は，子どもの生活の様子や周囲との関係性の良し悪しが，子ども自身の評価にどのように影響す

るかという点にあり，自分に対する評価を高めるにはどうすればよいかという視点に立った分析が多かったように思われる。

　本書においては，子どもの生活そのものに対する子ども自身の評価に着目して分析を進める。

　④ローゼンバーグの自尊感情尺度は「自分にはいくつか良いところがあると思う」や「いまの自分のままで良いと思う」といった肯定的評価だけではなく，「自分はまるでダメだと思う」や「ときどき自分は役に立たないと思う」といった否定的評価から構成されている（Rosenberg 1965）。しかし，自尊感情に着目した調査の主眼は「どうしたら自尊感情を高めることができるか」という点にある。つまり，自分に対する肯定的評価をどうすれば高めるかに重点が置かれており，自分に対する否定的評価をどうすれば低減させることができるかという側面への目配りが肯定的評価のそれに比べて手薄であることが指摘できる。自分に対する否定的な評価は，どのような状態のときに強まり，何があれば否定的な評価を改善しうるかという視点に立った分析が求められているのではないだろうか。

　本書は良いところを上に伸ばすという発想ではなく，悪いところを直して底上げするという発想に立ち，どうすれば自己評価が高まるかという視点から，何が自己評価を下げているのかを解明するという視点へと見方を転換させている点に特徴をもつことを指摘しておきたい。

注

(1) 1979年『子どもの生活と意識に関する世論調査』における調査対象者は全国の小学5・6年生および中学生5,000人であり，有効回収数4,444人，有効回収率88.9％となっている。

(2) 1982年『子供の意識に関する調査』における調査対象者は，(1)と同様全国の小学5・6年生及び中学生5,000人であり，有効回収数4,315人，有効回収率86.3％である。

(3) 2001年1月中央省庁の再編統合によって，総務庁青少年対策本部は，内閣府政策統括官共生社会担当部門となり，青少年対策の任にあたっている。

(4) 各調査の調査概要は以下のとおりである。

調査名	実施時期	配布数・回収数・有効回収率
青少年の生活と意識に関する調査	平成7年（1995年）	配布 3,000 回収 2,475　82.5%
低年齢少年の価値観に関する調査	平成11年（1999年）	配布 3,000 回収 2,243　74.8%
日本の青少年の生と意識に関する調査	平成12年（2000年）	配布 3,000 回収 2,271　75.7%
低年齢少年の生活と意識に関する調査	平成17年（2005年）	配布 3,600 回収 2,143　59.5%

　藤田英典を委員長とする企画分析委員が構成され，調査の企画・分析が行われている。

(5) 青少年文化研究会（研究代表：藤田英典）「子どもたちの生活世界：小・中学生の生活と意識についての調査報告書」（伊藤忠記念財団）における調査の調査時期は1995年，秋田，宮城，群馬，東京，静岡，福井，香川，福岡，宮崎各都県の小学5年生3,380名，中学2年生3,764名に対して実施されている。この調査は，子どもの生活と意識のありよう，構造と特質を明らかにするために実施されたものである。調査の特徴は「調査の目的と意義」にも示されているように，これまで行われてきた調査は，ベネッセ調査に代表されるように大都市圏に偏った調査がほとんどである。そのため，地域間の違いを検討するのには十分でないこと，大都市圏の問題状況を全国共通の問題であるかのように見なす危険があること，などから全国9都道府県小中学生7,144人を対象に実施されている。大都市圏に偏らない大規模な調査としてきわめて貴重なデータである。

(6) 神原文子・高田洋子「教育期の子育てと親子関係」調査について，これまでの親子関係に関する調査は，育児や子育ての責任者と目される母親を対象にしたものがほとんどであるため，母親と父親，そして，子どもの三者間の関連を分析している同調査は大変貴重なデータである。

　調査時期は1995年，調査対象者は，名古屋市の小学5年生または中学2年生の子ども，およびその両親である。標本数は小学5年生の子どもとその両親

500 サンプル，中学 2 年生の子どもとその両親 500 サンプルの計 1,000 サンプルである。そのうち有効回収数は 556 セット，有効回収率が 55.6％ となっている。

(7) 神原文子「教育と家族の不平等問題」調査における調査時期は 1995 年から 1996 年にかけて，調査対象者は，同和地区については，大阪市内・府下の 13 地区における小学 5 年生から中学 3 年生の子どもと両親 1,674 組の全数調査で，有効回収数は 728 票（回収率 43.5％）である。地区外調査における調査対象者は大阪市内・府下の小学 5 年生から中学 3 年生の子どもと両親 1,000 組で，有効回収数は 781 票（回収率 78.1％）である。

(8) 偏相関係数は，3 つの変量 y, $x1$, $x2$ において，y と $x1$ それぞれの変量から $x2$ の影響を取り除いたあとの相関係数を指す。

(9) 2002 年 11 月に日本家政学会家族関係学部会研究活動委員会が実施した「子どものウェルビーイングと家族・地域社会」に関する調査データのうち，有配偶母子ペア票を分析に用いた。調査の概要は以下のとおりである。

調査対象は全国 5 地方 8 県にわたる 13 小学校の 5・6 年生の児童とその保護者のうちの一人に回答してもらうようにした。調査方法は留め置き法により，子ども票，保護者票をセットにして配布し，回収を各学校長に依頼（一部，直接保護者に郵送で依頼）した。配票総数は子ども票 1,295，保護者票 1,289 で，有効票は子ども票 1,179，保護者票 1,082 であった。なお有効票率は，子ども 91.0％，保護者 83.9％ となっている。ここでは有配偶母親の回答票 887 票のうち，母子ペアでそろっている，有配偶母子ペア 751 票を分析対象とした。回答者の主な属性については，子どもの学年は 5 年生 48.5％，6 年生 51.5％，子どもの性別は男子 48.6％，女子 51.4％，家族形態は父母のいる核家族 72.9％，拡大家族 27.1％，親の就業形態は共働き 71.0％，非共働き 24.2％ となっている。

(10) 研究活動委員会では，子どものウェルビーイングを 5 領域（自分・家族・学校・友だち・地域）における自己実現（こころ）と，関係性保持（つながり）の充実度としてとらえ，28 項目からなる指標を作成した。そのうち，自分に関わる領域の指標が自分ウェルビーイングである（日本家政学会家族関係学部会研究活動委員会編 2005）。

(11) 自分ウェルビーイング得点のレンジは 7-20 で，標準偏差 2.43，平均 15.45 点，α 係数 .653 で，得点が高いほど自分ウェルビーイング得点が高いことを示している。

(12) 一元配置分散分析は，対象とする正規母集団のグループ間に差がみられるかどうかを調べる検定を指し，どのグループとどのグループの間に差がみられるかを調べるために下位検定として Tukey 法による多重比較を行っている。

引用文献

神原文子，2000，『教育と家族の不平等問題』恒星社厚生閣。
神原文子・高田洋子編，2000，『教育期の子育てと親子関係』ミネルヴァ書房。
木村直子・畠中宗一，2005，「『子どものウェルビーイング』尺度作成に関する研究」日本精神保健社会学会『メンタルヘルスの社会学』11。
小山隆，1967，『現代家族の役割構造』培風館。
小山隆編，1974，『現代家族の親子関係：しつけの社会学的分析』培風館。
高橋重宏，1998，『子ども家庭福祉論』放送大学振興会。
日本家政学会家族関係学部会研究活動委員会編，2005，『子どものウェルビーイングと家族・地域社会』。
山下美紀・大石美佳・竹田美知，2006，「親子関係に対する母親と子ども認知タイプと子どものウェルビーイングとの関連」日本家政学会家族関係学部会『家族関係学』No.25。
山村賢明，2008，「子ども・青年研究の展開」門脇厚司・北澤毅編，2008，『山村賢明教育社会学論集　社会化の理論』世織書房。
Rosenberg, M., 1965, *Society and the Adolescent Self-image*, Princeton University Press.

第3章

現代日本社会における子どもの「生きづらさ」

第1節　「生きづらさ」の登場

　今の日本は未曽有の不況といわれ，そのような日本の現状を象徴する言葉のひとつとして，近年，「生きづらさ」という用語が用いられるようになってきた。
　そこで試みに，「生きづらさ」という用語が新聞紙上などにおいて，どの程度使用されているかという量的な推移を確認してみよう。
　朝日新聞社聞蔵Ⅱビジュアルを利用し，朝日新聞朝刊・夕刊，アエラ，週刊朝日の各媒体に「生きづらさ」という用語が用いられている記事を検索してみると278件が該当する（2012年5月末日現在）。図3-1に示すように，初出は1992年の1件で，つぎに検出されるのが1995年の1件，その後1997年に2件検出されて以降，毎年「生きづらさ」という用語が使用された記事が検出される。2008年には前年18件の倍以上の39件が該当し，ここ数年のうちに「生きづらさ」という用語が使用され始めていることが確認できる[1]。
　学術研究の動向も探っておこう。「生きづらさ」に関する先行研究について論文情報データサービス（CiNii）で検索したところ，123件が該当した（2012年5月末日現在）。「生きづらさ」を取り扱った論考は，1981年に1件あるものの，つぎは2000年の1件，2001年の2件で，それ以降2005年に4件，2007年に14件，2009年に26件，2010年に35件，2011年に9件と，2000年以降「生きづらさ」に言及した研究が増えている様子が見て取れる。

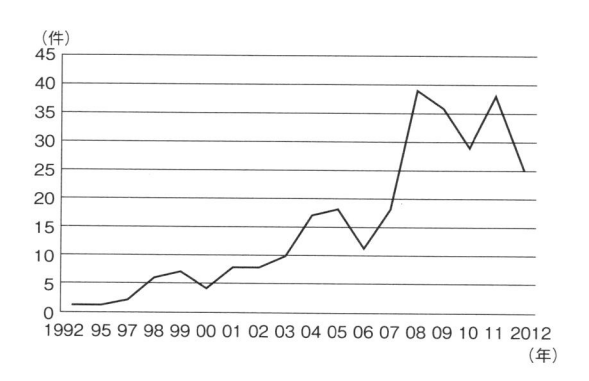

図 3-1 「生きづらさ」記事数の推移

　「生きづらさ」という用語が，近年，とりわけ2000年以降，頻出するようになってきたのはなぜなのか。子どもであれ大人であれ，現代社会を生きる人々のなかで「生きづらさ」を感じている人はどの程度存在しているのだろうか。そもそも「生きづらさ」とはどのような状態を意味するのだろうか。

　本章では，「生きづらさ」に言及した先行研究や文献における「生きづらさ」のとらえ方や概念を整理し，「生きづらさ」を定義しておく。そこで，「生きづらさ」を取り上げている精神医学や福祉の領域，社会学や教育学の領域における先行研究や，実践活動家らの文献や先行研究において「生きづらさ」という概念がどのように取り扱われているのか，どのような場合に用いられているのかという点について順次検討する。

第2節　「生きづらさ」の発見

1　精神医学・福祉の領域における「生きづらさ」

　まず，『子ども発達臨床研究』における「生きづらさ」研究を取り上げておきたい。2006年に北海道大学大学院教育学研究科付属子ども発達臨床研究センターが設立され，2007年に『子ども発達臨床研究』が創刊された。2006年

のセンター発足記念学内シンポジウムの共通テーマが「生きづらさ」であり，創刊号には「生きづらさ」に関わる論文が3本掲載されている。藤野友紀「『支援』研究のはじまりにあたって：生きづらさと障害の起源」，田中康雄「子どもたちの『生きづらさ』を考える：児童精神医学の視点から」，宮崎隆志「システム社会における生きづらさの構造」である。三者に共通しているのは，「生きづらさ」は誰もが感じるものだとしつつも，「困難」を抱える子どもたち，障害を抱える子どもたちに対する支援という立場をとっている点である。

「生きづらさ」という用語がどのように使われるようになってきたかという点に言及した藤野の論考からみていきたい。藤野は，子ども支援のために「障害」や「生きづらさ」を個人の問題として語ることの危うさを踏まえて，特定のカテゴリーに入れられた個人や集団に問題を帰属させるのではない「支援」モデルを作ることを課題に設定している（藤野 2007：45）。そのなかで，「生きづらさ」という言葉がどのように用いられてきたかをまとめているので参考にしておきたい。藤野によれば，「生きづらさ」は1981年の日本精神神経学会総会において「主体的社会関係形成の障害と抑圧」として語られたのが最初であるという。いまだ統一的な見解が示されていない「生きづらさ」であり，「生きづらさ」が「障害」に絡んで使われる場合が多いことから，「障害」という概念について考察を加えている。しかし，この論考では「生きづらさ」の問題が「障害」に取って代わり，「生きづらさ」についてはそれ以上の言及はなされていない。

田中は，児童精神科医の立場から，とりわけ発達障害のある子どもたちの臨床経験をとおして「生きづらさ」を次のようにとらえている。すなわち「生きづらさは生きがいの獲得の躓きと同義」であるとみなし，「生きがい感をもちながら生きるということ」の要素として，①将来への夢，未来への欲求があること，②他者と共に生きている保証に満ちた実感があること，③自尊感情を育むために必要なかけがえのない存在という認知があること，④信じる自分の判断によること，という4点を指摘している（田中 2007：4-5）。田中は，「生きがいを持てないこと」「他者との共存関係が実感できないこと」「自分の存在に

対する確かさが持てないこと」「自分の判断に確信が持てないこと」が「生きづらさ」につながるという見方をしていると解釈できる。

　宮崎は，「機能的な差異を有する者への『配慮』が，配慮する者と配慮される者を生み出し，このモノローグ的な関係のゆえに『生きづらさ』が生じる」と指摘している（宮崎 2007：39-40）。配慮される人は，一方的に配慮される立場に居続けなくてはならず，そのことが配慮され続ける者の「生きづらさ」となることが説明されている。

　そのうえで，宮崎は「生きづらさ」を生み出す社会関係の特質を明らかにしようと試み，日常生活が商品交換という物象システムによって成り立っており，「物象システムとしての社会システムが自己展開を始めれば，労働する主体はそのシステムの契機として位置づけられるに過ぎ」ず，「個人は社会システムの構成員としての自己と生身の人間としての自己の間に引き裂かれざるを得ない。現代社会において，誰もが感じている生きづらさの根源はここにある」と記している（宮崎 2007：41）。機能的差異をもった者だけが「生きづらさ」を感じるわけではなく，いまの社会は，誰もが「生きづらさ」を感じる可能性があることを指摘している。宮崎は，社会の構成員である限り社会からの要請に応じる必要が生じ，そのことがありたい自分とあらねばならない自分とのギャップを生み出し，「生きづらさ」につながるという見方をしていると解釈できる。

　発達臨床という立場において，もともと「生きづらさ」は，それまでの疾患カテゴリーになじまない精神神経疾患の現象をとらえ，「生きがいを持てないこと」「他者との共存関係が実感できないこと」「自分の存在に対する確かさが持てないこと」「自分の判断に確信が持てないこと」「ありのままの自分でいることが許されないこと」などを「生きづらさ」ととらえていることがわかる。

2 教育現場でとらえられる「生きづらさ」

　その後，教育現場においても，自閉症，ひきこもり，不登校の子どもたちの「生きづらさ」に焦点を当てるようになってきた。

クレスコ編集委員会・全日本教職員組合編『クレスコ』（2009年6月）では「特集　子どもたちの生きづらさに寄り添う」という特集を組み，6本の報告が載せられている。サブタイトルはそれぞれ「子ども理解　子どもたちの生きづらさの背景と教育の課題」「小学校中学校　女子の「仲間はずし」から考える子ども理解」「養護教員　保健室を拠りどころにしている子どもたち」「小学校低学年　自閉症の子どもの学びと集団づくり」「中学校　虐待を受けている子どもとどうかかわるか」「特別支援学校　障害をもつ生徒たちの成長に寄り添う」となっている。内容をみてみると，教育者という立場から「問題[2]」を抱えている子どもたちを目の前にした時にどうすればよいか，というスタンスがとられていることがわかる。

　教育現場では，仲間外れにされている子ども，虐待を受けている子ども，障害をもっている子どもを目の前にし，そのような子どもたちの「生きづらさ」にどのように向かい合い，理解する必要があるかが議論されている。特別支援学校の校長を務めた広木克行は，発達障害をもつ子どもたちと関わるなかで，「子どもたちは必ずしも障害ゆえに生きづらさを感じているわけではなく，彼らが最も生きづらさを感じるのは，自分の言動が周囲から理解されないときであり，さらに，周囲からの眼差しや働きかけが，健常者の基準として彼らをとらえようとするときであった。」と記している（広木 2009：12）。つまり，彼らの「生きづらさ」は，障害によるものというよりも，「障害をもった自分の言動の意味に気付かぬ人たちからの働きかけによって，自分がありのままの自分でいることを否定されること」であると説明されている。

　さらに広木は，不登校で苦しむ子どもたちの教育相談を続けるなかで，「生きづらさ」を感じる子どもたちの特徴を挙げている。①他者からの評価基準を内面化し，それによって自分を責めざるをえなくなったりする，まじめで「良い子」であった子どもの豹変としてみなされる事例，②自分の不安を，仲間との関係内での解消を迫られながら，それにあわせられない自分を自分で責めたり，身動きが取れなくなったりする子どもの対人恐怖的苦悩，③家庭のなかの葛藤調整役を引き受けさせられながら，その事態を改善できない自分に無力感

を感じる子どもたちの苦悩，の3点である。

このような生きづらさを真正面から受け止めて身動きがとれなくなった子どもたちは，不登校にならざるをえなかった苦しみ＝本源的苦悩と，不登校になることによって周囲への無理解に対する絶望感などによって増幅された苦悩＝二次的苦悩によって事態が深刻化しているという苦悩の二重性[3]を指摘している（広木 2009：15-16）。

社会学者の川北稔は「若者の『生きづらさ』と障害構造論：ひきこもり経験者への支援から考える」において，「従来の福祉や医療の枠組みに乗りづらい困難が，生きづらさとして語られている」と述べる（川北 2009：293）。生きづらさがすべて「障害」という枠組みで語られるわけではないとしながらも，「障害に由来する困難を表現しようとしてきた障害構造論の展開は，明確な障害に由来しない『生きづらさ』の方向へも歩みを進めてきた」（川北 2009：41）ことから，障害論を概観することによって「生きづらさ」に共通する困難を探るヒントを求めている。川北は，ひきこもり経験者の「生きづらさ」に焦点を当て，「生きづらさ」という用語があいまいであることが，支援のしにくさや，周りの理解の得にくさにつながっていることを指摘している。

以上のことから，実際に子どもたちと関わりあう教育現場では，仲間外れや障害や虐待それ自体の困難さだけではなく，いろいろ努力しても問題が解決しないことや，解決できない自分を責めたり，自分の無力感を感じたりすることなどによって身動きできないでいる状況を子どもの「生きづらさ」ととらえていることがわかる。

第3節　「生きづらさ」に関する論考からみる「生きづらさ」の特徴

1 社会学領域における「生きづらさ」のとらえ方

近年，医療や福祉の分野のみならず，社会・経済的な文脈において「生きづらさ」に言及した論考が散見されるようになってきた。社会学の領域では大村英昭著『非行のリアリティ：「普通」の男子の生きづらさ』，草柳千早著『「曖

昧な生きづらさ」と社会：クレイム申し立ての社会学』，大澤真幸『「正義」を考える：生きづらさと向き合う社会学』などが挙げられる。

　大村の『非行のリアリティ』は，1980年に出版された前書『非行の社会学』当時と現在の状況が変わってきていることから，全面改訂し，2002年に刊行されたものである。大村は「非行少年と普通少年の違いだけでなく，少年と大人の区別なく，普通の人びと一般の「生きづらさ」が，もっと広い脈絡中に問いかけられ」（大村 2002：ⅲ）るようになってきたことを指摘し，「心理学主義に偏りがちな現今の風潮に社会学主義をあえて高唱する」と主張している（大村 2002：ⅳ）。

　草柳千早は，現代社会に生きる「誰もが日常的に，それぞれの『問題』『生きづらさ』を経験」（草柳 2004：ⅶ）するなかで，個人の「生きづらさ」が，社会的対処が必要な問題として構成されない過程に着目している。

　草柳は「夫婦別姓」問題を事例に挙げ，「多くの人にとって『自明』であるような事柄に『問題』を感じてしまった者は，人びとが彼らの『現実』を守ろうとするその方法の行使によって，自己と経験とに疑問を投げかけられ否定されるという二重否定の力にさらされ」，夫婦別姓を求めるものは「現実をめぐる争いを生きる」のである（草柳 2004：148-149）。これを当人の「生きづらさ」とみなす。

　人は誰でも「自分の生をよりよく生きたい，より快く，より楽しく生きたいという願い，欲望」（草柳 2004：ⅸ）があるにもかかわらず，社会が認めないような生き方を選ぶと「逸脱」というレッテルを貼られることになる。「逸脱」というレッテルを回避するために，社会から賦与されたアイデンティティをまとうことによって対処するしか方法がなくなってしまう。このように，草柳は逸脱視されることから経験する「生きづらさ」のみならず，それを回避する努力をすることによって，自らの信念によって得たアイデンティティとは異なる，社会に適応するためのアイデンティティを身につけなければならないことから生じる「生きづらさ」があると述べている。

　近年では，大澤真幸著『「正義」を考える：生きづらさと向き合う社会学』

が新しい。大澤は，現代社会を分析していくなかで浮上してきた「新しい傷」というリスクに言及し，出来事に遭遇した際に受けた心身の傷が内面化できず，いつまでも自分のなかに引き受けることができない，つまり「自分の人生の中にうまく統合することができない」リスクについて説明している。「生きづらさ」という用語そのものについての説明はないものの，この「新しい傷」というリスクが現代社会の生きづらさとしてとらえられていることがわかる（大澤 2011：26-53）。

2 運動家・実践家らの「生きづらさ」のとらえ方

実際に「生きづらい」人々と関わってきた運動家や実践家の立場からの「生きづらさ」のとらえ方についてまとめておく。取り上げる文献は，雨宮処凛・萱野稔人著『「生きづらさ」について：貧困，アイデンティティ，ナショナリズム』，湯浅誠・川添誠編著『「生きづらさ」の臨界："溜め"のある社会へ』である。

雨宮や湯浅らは，「生きづらさ」を経済状況や階層などの社会構造との関連から論じている。雨宮や湯浅らは実践家として，生活困難者と関わるなかで，いまの日本社会に生きる人々の「生きづらさ」について問題提起してきた。

雨宮と萱野による『「生きづらさ」について：貧困，アイデンティティ，ナショナリズム』をみると，両者がさまざまな角度から「生きづらさ」について対談しあう体裁となっている。

雨宮は，これまでリストカッターやオーバードーズといった精神的な「生きづらさ」を抱えている人たちとの関わりのなかで，人間関係や個人的な問題，親との問題などにおける精神的な「生きづらさ」を問題にしてきた。しかし，精神的な「生きづらさ」は，貧困や不安定労働者（プレカリアート）といった社会・経済的な「生きづらさ」と重なり合う部分があり，「生きづらさ」にはさまざまな要因が複雑に絡み合っていることから，現在では，精神的な「生きづらさ」だけにとどまらず，社会・経済的な「生きづらさ」にまで範囲を広げている。

このなかで，つぎのような「生きづらさ」が紹介されている。「リストカットをやめたら自分が自分でなくなってしまう。だからやめられない」。そして最後には自傷コミュニティの「空気を読んで」自殺してしまうような「生きづらさ」がある（雨宮・萱野 2008：12）。雨宮はいまの社会を「場の空気を読んで，相手の感情や行動を先回りして，互いのコンフリクトがあらわれないようにふるまうことが要請されている」ととらえている。このような社会において，要求されているコミュニケーションスキルや繊細さは高度化し，それが何らかの原因によって一度でも躓いてしまうと立ち直れなくなり，一度躓いた人間は，弱い，邪魔な人間として「排除」されていくとみる。

　萱野は，いまの日本社会において多くの人が「生きづらさ」を抱えて生きているとしたうえで，その「生きづらさ」を，①人間関係のなかで精神的な生きづらさを抱える＝精神的な生きづらさ，②貧困から抜け出せなくて経済的に生きづらい＝経済的な生きづらさ，③社会のなかで疎外感や居場所のなさを感じて生きづらい＝社会的な生きづらさ，に分け，いろいろな角度から「生きづらさ」をとらえる前提を示している（雨宮・萱野 2008：8）。

　雨宮は，上記の3つの「生きづらさ」は互いに独立しているのではなく，複雑に絡み合っているととらえ，いまの日本社会の特徴として，人間関係を構築するためには高度な気づかいを必要とし，一度でも躓くと容易には元に戻れず，社会から排除されていくことを指摘する（雨宮・萱野 2008）。

　別の「生きづらさ」の例を挙げてみたい。川添と湯浅編『「生きづらさ」の臨界："溜めのある社会へ"』は，3人のゲストを招いての対談形式で，「『生きづらさ』の問題を社会的次元において，社会構造の問題に押し戻しながら」語る体裁となっている。本書に通底しているテーマは「自己責任」と「社会構造」であり，いまの日本において「自己責任」イデオロギーともいうべき思想傾向によって，日本社会が構造的に抱えている問題がいかに巧妙に隠蔽され，個人に帰着させられているか，をさまざまな角度から明らかにしていこうという試みである。ゲストは，教育社会学が専門の本田由紀，社会哲学が専門の中西新太郎，社会哲学が専門の後藤道夫の3人である。

現代の若者の労働問題に言及した『「ニート」って言うな！』の著者である本田は，若者の「生きづらさ」について，いまの世の中において「人びとの自己責任圧力や格差・差別がいっそう深刻になってきている」ことを指摘する。つまり，「働いていない」ことは個人の能力の問題である，あるいは子どもの教育は母親が責任をもたなければならない，といったような自己責任論が主流となっている現代社会の特徴に言及し，個人に課せられた自己責任が「生きづらさ」に結びついていくと主張している。

　不況や社会保障制度の弱体化という社会の側の問題によって引き起こされた労働状況の悪化であるにもかかわらず，就労できないことを個人の責任に転嫁するような社会的な仕組みのなかにあって，「働けない」という辛い事実のうえに，「働けない」ことを自分の責任として負わなければならない，二重の苦しさが「生きづらさ」に結びついていると解釈できる。

　つぎに，1980年代以降の消費文化を背景に変化しつつあった若者の特徴について論じた『若者たちに何が起こっているのか』の著者である中西新太郎は，1980年以降の日本社会において，日本のマーケット化が若年層を消費者化させることによって進んできたこと，しかし，日本社会の労働環境や市場経済の急激な変化における負の影響を若年層はまともに受けるようになり，それが，フリーターやニートなどの問題と結びついていくと説明する。さらに，不況や社会保障制度の弱体化によって，不安定労働や失職を余儀なくされるなかで，「生きがい」といった将来への展望も居場所も見いだせない若者が増えていること，しかし，若者の努力不足や怠け態度など，自己責任が強調されるようになり，「貧困問題と精神的な問題をいっしょに抱えてしまうというタイプの人が増えている」という現代の若者の「生きづらさ」について言及している。

　後藤道夫は，これまで，日本の構造改革が引き起こしたワーキング・プアや貧困問題を扱ってきている。それをふまえて，日本社会はヨーロッパ社会に比べると，階級的な政治や労働組合の社会的な影響力が弱いために，貧困や失業や福祉の問題を社会的にとらえるような枠組みがなく，すべてを「自己責任」に帰着させるイデオロギーが蔓延しやすいことを指摘している。

編者の湯浅と川添は，反貧困ネットワークやNPO法人自立生活サポートセンター・もやい等の活動を行っており，いまの人々が陥りやすい「生きづらさ」を社会問題化させた。すなわち，「生きづらさ」の問題を個人の問題から社会的次元の問題ととらえ直すために，「現状を丁寧にあぶり出し，自己責任論からの転換をはかる」（湯浅 2008：6）ことを目指してきた。

これらの論考では，いまの日本社会が「自己責任」を強調するような構造をもっていることや，場の空気の読み間違いがたちまち社会的な排除につながるような特徴をもった社会の構造が，人々の「生きづらさ」を生み出す源泉となっていることを指摘している。

3 子どもの「生きづらさ」について

では，いまの日本における子どもの生きづらさはどのようにとらえられているだろうか。社会学者土井隆義は，長年，少年非行やいじめ問題の研究に取り組み，近年，『非行少年の消滅：個性神話と少年犯罪』(2003)，『「個性」を煽られる子どもたち』(2004)，『友だち地獄：「空気を読む」世代のサバイバル』(2008)，『キャラ化する／される子どもたち』(2009)，『人間失格？：「罪」を犯した少年と社会をつなぐ』(2010) などの書籍を矢継ぎ早に出版している。土井は，「かかわりの病理：ひきこもりという『自分の地獄』」(2005) の論考のなかで，ひきこもりの若者が犯した犯罪を例に取り上げ，内閉化した優しい関係の重さを背負うようになった若者が一般化してきたことを指摘し，その背景に，自分という存在そのものを地獄の源泉ととらえ，自らの存在感の不確かさがあることに言及し，自己肯定感の脆弱さを問題視している（土井 2005：214）。

この論考をさらに発展させた『友だち地獄：「空気を読む」世代のサバイバル』(2008) において，土井は，現代の子どもたちが，「人間関係のキツさに苦しみ，そのサバイバルの過程で抱え込んでいる生きづらさの内実へと迫るにあたって，この『優しい関係』を導きの糸にしたい」と述べ，若者たちのリアルな姿に接近する試みを行っている。そのなかで，いまの「子ども」について，

現代の子どもが他人を傷つけたり，傷つきたくないという「優しさ」のゆえに，子どもが生きづらさを感じていると述べている。さらに，「細心の注意を払いながら，対立の要素を徹底的に排除しようとし，高度な気づかいをともなった人間関係を営む」ような「優しい関係」が，現代の子どもの人間関係の取り結び方の特徴であると指摘する。(土井 2008：7-13)。

　さらに土井は，1971年に出版された高野悦子『二十歳の原点』と，2000年に出版された南条あや『卒業式までは死にません』を手がかりに，「生きづらさ」の変遷を辿っている[(4)]。そこから，束縛的な人間関係から解放されて浮遊することを夢見た，周囲から自律したいという焦燥感がもたらした高野の「生きづらさ」と，浮遊状態から解放されて，濃密な人間関係に包み込まれることを夢見た，「承認されたい」という焦燥感がもたらした南条の「生きづらさ」を対置させている。いまの子どもたちの優しさの配慮は，他人に向けられると同時に，自分にも向けられ，こうした他者および自分への過剰な配慮（ここでは空気を読み合う優しい関係）によって成り立つ人間関係の特徴と，誰かに常に認めてもらいたいという「承認欲求」が満たされないことから追いつめられる状況を，現代の子どもの「生きづらさ」としてとらえている。

4 小括

　以上のような先行研究のレビューを通して見えてきた「生きづらさ」概念について整理しておく。もともと「生きづらさ」という用語は，医療や福祉の分野で「目に見える身体障害，あるいは制度化された障害から，わかりづらい，制度化の進まない」(川北 2009：293) 精神障害や発達障害に由来して使用されるようになった。これまでの障害論においては，「ある機能の制約や欠損を障害と同定し，その結果生じる日常生活レベルや社会生活上の困難に基準」があり，その基準によって障害レベルが分けられてきた。しかし，ひきこもりや自閉症など，従来の「障害概念に対する違和感やなじみにくさを感じる人びと」が現れはじめ，そういった「目にみえにくい」障害を包摂するために「生きづらさ」という用語が用いられるようになった。

一方，教育現場では，発達障害の子どもや不登校の子どもとの直接的な関わりにおいて，「生きづらさ」を抱える子どもに焦点をあて，そのような子どもたちとの向き合い方について議論されてきた。子どもたちの生きづらさは，仲間外れや障害や虐待それ自体の辛さにあるだけではなく，そのような状況を改善できない自分を責めたり，無力感を感じたりすること，さらに自分の状況や，ありのままの自分を周囲に理解してもらえないことによって子どもの「生きづらさ」があることを指摘している。

近年になって，いわゆる「普通」の人々の「生きづらさ」に焦点があてられるようになり，「自己責任」を強調する社会構造や，空気を読みあうような人間関係の特徴が，「生きづらい」状況を生み出しているというアプローチがみられるようになってきた。

このように，精神医学，社会学の領域や，教育現場，運動家や実践家において「生きづらさ」という用語が用いられるようになっているが，いまのところ明確な「生きづらさ」の定義があるわけではなく，「生きづらさ」として，さまざまな状況がさし示されていることがみえてきた。

そこで，これまでの論考に示されていた「生きづらさ」を整理すると，「生きづらさ」は，次のような状況から引き起こされることがわかった。すなわち，

(1) ①いまの日本社会が多様性を認めない社会であり，社会が認めないような生き方を選ぶと「逸脱」とみなされることに加えて，②「逸脱」というレッテルを回避するためには，嫌でも社会から賦与されたアイデンティティをまとうことによって対処するしかないこと，さらに，③自らの意にそぐわない対処をし続けることに耐えきれず「生きづらい」。

(2) ①不況や社会保障制度の弱体化といった社会経済的状況下にあって，貧困やワーキング・プアなど経済的な問題が常態化していることに加えて，②貧困や不安定労働のなかで，努力しても結果が出せない，さらに，③貧困や不安定労働から抜け出せないのは「自己責任」と見なされる状況が耐えがたく「生きづらい」。

(3) ①大人も子どもも絶えず「空気を読みあうような」高度な気づかいが必要とされていることに加えて，②場の空気の読み間違いがたちまち社会的な排除につながる危険性があること，さらに，③いまの子どもには，自らの存在感の不確かさや自己肯定感の脆弱さがあり，自分に意味を見出そうとすればするほど不安感が募り「生きづらい」。

このように，「生きづらさ」は，「不安定労働」や「障害」といった事柄それ自体を意味するのではなく，資源のやりくり，目標の設定，他者との関係性，生活の価値を含めた自分の生活そのものの状態に対する評価において，「その人にとって重要な生活諸課題の達成が何らかの理由によって阻害され，いまの生活の状況では充足されず，自分の取りうるあらゆる対処方法を講じても状況の改善の見込みがなく，これ以上自分ではどうしようもできないところまで追い詰められた状態」といえる。

そこで，子どもの「生きづらさ」について考えられるパターンを示しておく。

第1に，不況や社会保障制度の弱体化などによる社会的・経済的な条件によって思うような生活ができなくなったとき，子どもが利用しうる最大限の資源を動員しても，状況を好転させることができないほどに追い詰められた「生きづらさ」である。

第2に，生きていくうえでの生きがいや目標をもちたくても，社会的・経済的な条件の制約を受けることによって自分の思うような生きがいや目標をもてないことや，あまりにも情報が多すぎてどの選択肢を選べばいいのか判断できず目標設定ができない，さらに「これだけ選択肢があるにもかかわらず選べないのは自分が悪い」という自己責任論によって追い詰められるような「生きづらさ」である。

第3に，自分のなしうる最大限の努力によっていまの生活の状態が保たれている場合，少しでもその努力を怠れば，あるいは他から横やりが入れば，たちまち転落してしまうようなギリギリの張りつめた状況が続くことや，その状況が好転する兆しもなく，他の逃げ道も見いだせず，将来への展望が見いだせな

いような「生きづらさ」である。

　第4に，障害をもっていること，学校に行かないこと，友だちと群れないことなど自分にとって価値のある生き方や嗜好，外見，行動が，社会からは「逸脱」と見なされ，白い目でみられたり，過剰に気の毒がられたりと，周囲からの理解が得られないことや，理解されないことについての我慢の限界を超えたときの「生きづらさ」や，友だちや先生や家族など他者との摩擦を回避するために，周りにあわせる努力をし続けることの限界を超えたときの「生きづらさ」である。

　神原文子は，夫婦関係における妻の家出直前の緊張状況に着目し，「妻であることにより生活システムに発生した緊張を期待どおりに対処する手立てが見いだせない状況を『妻の生活システムにおける極限的な緊張状況』」ととらえている。この場合の「緊張」とは，「妻として，夫婦関係に期待する生活課題が，現在の夫婦関係では充足されないか，夫の生活課題の達成によって（妻の生活課題の）充足が妨げられるような事態が生じるか，あるいは，現在の夫妻関係よりもより以上の充足を期待しうる代替的な関係が生じたりすることにより，自らの生活システムを変えるか，あるいは夫妻関係を変えざるを得ないと判断する状況」である（神原 2010：75-76）。

　そして，極限的な緊張状況とは，「妻が夫婦関係を維持するなかで，認知した緊張を処理するために，自ら生活システムを変えたり，夫婦関係を変えるように働きかけたりしてもなお緊張処理が実現できず，現状では緊張処理の可能性が見いだせない状況」であると説明している（神原 2010：76）。

　この考え方を，先の子どもの「生きづらさ」の状態に応用すると，子どもの「生きづらさ」は次のように定義することができる。すなわち，「子どもが認知した緊張を処理するために，生活システムを変える試みを行っても緊張処理が実現できず，現状では緊張処理の可能性が見いだせない状態」である。以下，本書では，この定義を子どもの「生きづらさ」として用いている。

第4節　子どもの自尊感情と「生きづらさ」との関わり

　先に，自らの存在感の不確かさや自己肯定感の脆弱さがあり，自分に意味を見出そうとすればするほど不安感を募らせるいまの子どもの特徴に言及したが，自分の存在が確かなものと感じられるようになることは，子どもにとって重要な生活課題の一つである。そこで，本節では，子どもの自分に対する評価をはかる尺度として有効とされる「自尊感情」や「自己肯定感」と「生きづらさ」とのちがいについてまとめておきたい。

　自分に対する評価を測る尺度として，「自尊感情」「自己肯定感」「ウェルビーイング」などが用いられることが多い。自尊感情（self-esteem）については，ローゼンバーグ（Rosenberg, M.）による「自己に対する肯定的あるいは否定的感情」（Rosenberg, 1965）という定義に示されているように，自分という人間をどのように評価しているかという点に着目した研究が，心理学の分野では多く実施されている（佐藤　2009）。

　自尊感情とは主観的な自己評価の一要素であり，パーソナリティ・レベルでの自分に対する評価とみなすことができる。

　1980年代から，わが国においても子どもの自尊感情の測定が行われている[5]。国際比較の調査では，わが国の子どもたちの自尊感情の低さが指摘されている。たとえば，内閣府が実施している第6回（1998年）・第7回（2003年）「世界青年意識調査[6]」では，「自分について誇れるもの」について尋ねている。その結果，もっとも多かったのが「明るさ」の44.8％であった。ついで「やさしさ」34.5％，「まじめ」29.5％とつづいている。ところで，「誇れるものは何もない」と回答した割合をみてみると，第6回9.1％，第7回8.3％となっている。これは，比較対象国と比べるとかなり高い数値となっている。日本のつぎに割合の高かった韓国で5.1％，ドイツ1.8％，アメリカ0.5％となっている。日本では自分に誇れるものがないと感じている若者が少なからず存在しており，諸外国の若者に比べてみると，自分に自信をもてないでいる若者が多い

という特徴がみられる。

　また，日本青少年研究所が日本，韓国，中国，米国の中学生・高校生を対象に実施した調査「中学生と高校生の生活と意識」（2008）では，自己に対する認識として「私は人並みの能力がある」「自分はダメな人間だと思う」「自分の意思をもって行動できるほうだ」という設問に対して，日本の中高生は，他の国に比較して，自分の能力に対する信頼や自信に欠けているという調査結果が示され，「日本の子どもの自尊感情は世界的に見て低い」ことが指摘されている。

　2008年に東京都教職員研修センターが都内の公立小・中・高等学校の生徒を対象に行った調査によると，中学生では，「自分のことが好きだ」という問いに対して56.7％が，また「私には良いところがある」という問いに対して37.3％が，否定的な回答をしていたという結果が示されている。東京都ではこの結果を受けて，さらに自尊感情や自己肯定感の調査を行い，自尊感情や自己肯定感を高める指導の開発に着手している（東京都教育研修センター 2009）。

　社会学や家政学の分野では，子どもの生活実態と自尊感情をはじめとする自己評価との関連を実証的に探った研究として，山田美智子「子どもの育ちの環境と自尊感情」（2000）や長津美代子「家族の個別化・凝集性と中学生の自尊感情」（2001），松岡英子・押澤由記「中学生の自尊感情を規定する要因：学校生活要因を中心に」（2001），岩崎香織「自尊感情の発達と家庭，学校」（2006）などを挙げることができる。

　長津は，子どもの家族に対する意識や，家庭生活の実態と子どもの自尊感情との関連に着目し調査を行った結果から，子どもの家族に対する情緒性や母親との会話の頻度などが子どもの自尊感情を高める一因となっていることを明らかにしている（長津 2001）。

　山田は，群馬県内の小学6年生および保護者を対象に調査を行った。自尊感情を測る項目として，「自分はかけがえのない大切な存在である」「自分には他の人にないいいところがある」「自分を大切にしている」など6項目を設定し，子どもの人間関係，親の子ども観，生活実態との関連を探った結果，自尊感情には友人や親から承認される，頼りにされていることが影響しているという知

見が導き出されている（山田 2000）。

　岩崎は，お茶の水女子大学 JELS 実施「子どもから成人への移行についての追跡的研究」（2003）において小学3年生・6年生，中学3年生，高校3年生を対象に，ローゼンバーグの「自尊感情尺度」を用いて，「物事を人並みにはうまくやれる」「自分に対して肯定的だ（好きだ）」「自分には人よりすぐれたところがある」といった自尊感情の得点と，家庭の要因に関わる「家庭の雰囲気尺度」との関連を探っている。その結果，家庭要因と「自尊感情」は有意な相関がみられ，家庭の雰囲気は子どもの自尊感情に大きな影響を与えていることが示されている。また子どもの性別に着目すると，男子の方が女子よりも「家庭の雰囲気」と「自尊感情」の結びつきが強く，「自尊感情に家庭の影響を受けやすい男子が家庭と関わる方法について今後追求していく必要がある」と指摘している（岩崎 2006：55）。研究成果の知見として，家庭の雰囲気が良いかどうか，家庭内の調和が保たれているかどうかが，子どものメンタルヘルスに影響を与えており，セルフ・エスティーム（自尊感情）に関連することなどがわかってきている（岩崎 2006）。

　それでは，「自尊感情」や「ウェルビーイング」と「生きづらさ」はどのように関連付けることができるだろうか。

　先に，「生きづらさ」について定義しておいたが，「生きづらさ」は，単に「自分に自信が持てない」や「自分が好きではない」といった自分に対する自己評価で測れるものではなく，社会・経済的な状況をはじめとする自分のおかれている状況，能力や人的資源・物的資源のやりくりを含めて，生活全般に対する評価として表されるものである。

　これまでの研究のなかで，自分の生活に対する評価に目配りし，学力や生活実態，親子関係における経験と生活評価との関連に着目した研究のように，親や友人や教師との関係のありようが，子どもの生活評価にどのように結びついているか，子どもの生活の組み立ての様子と自分の生活に対する評価との関連を明らかにするような研究の蓄積がひとつの課題といえよう。であるからこそ，「自尊感情」や「ウェルビーイング」などの自己評価ではなく，生活全般

第 3 章　現代日本社会における子どもの「生きづらさ」

に対して，言い換えるならば自分の人生そのものに対して，子どもが下している評価をとらえる必要がある。

　本書では，現代の子どもの生活に着目し，子どもはどういった「生きづらさ」をどの程度感じているのか，子どもの生活実態の様相と照らし合わせながら子どもの「生きづらさ」を明らかにすることにねらいを定めている。

注

(1) 朝日新聞の他に，読売新聞の記事検索システム「ヨミダス歴史館」を利用して，読売新聞記事における「生きづらさ」用語の検出を試みた。初出は1996年3件，以降毎年検出されるようになり，2007年19件，2008年8件，2009年（10月現在）8件であった。「生きづらさ」用語の使用頻度の量的な推移をみてみると，やはり近年になって多用される傾向にあることが見て取れる。
(2) ここでは実際に問題かどうかは別にして，社会的に問題があるとみなされている状況を「問題」を抱えた子どもと表現している。したがって，本当に問題視されるべきかどうか，あるいは誰にとっての問題かといった議論はここでは保留しておく。
(3) 土方由紀子は，ひきこもりや自閉症など従来の「障害概念に対する違和感やなじみにくさを感じる」ような，「目にみえにくい」障害を包摂するために「生きづらさ」用語を用いるという枠組みを踏襲し，「子どもの生きづらさとは何か：リスク社会における不登校」(2010)において，子どもの弱さととらえられていた不登校を，生きづらさという視点から見直している。土方は，不登校の子どもの「生きづらさ」は複数の苦しさで構成されており，外からは見えにくい部分があることが余計に本人の苦しさを増大させている「入れ子式の苦しさ」という特徴があることを指摘している（土方 2010：271）。学校に行けないという苦しさが，即「生きづらさ」に結びつくのではなく，行きたいのに行けない，学校行けないことは苦しいのにわかってもらえない，「他者からの無理解」という二重構造があると指摘している。
(4) 高野悦子は1969年に20歳で，南条あやは1999年に18歳で，自死を選んだ。『二十歳の原点』は高野の，『卒業式までは死にません』は南条の日記をもとに出版されたものである。
(5) 自尊感情による先駆的な研究として，教育学者池田寛を中心としたメンバー

が，1988年大阪府箕面市で実施した「学力と生活実態調査」が挙げられる。この調査では，学力形成が自己概念（自尊感情や自己効力感）によって規定されるという仮説のもとに，学力問題の実証を試みた自尊研究の嚆矢的研究と位置付けられる。
(6)「世界青年意識調査」は日本の「青年の意識の変化を時系列でとらえるとともに，諸外国の青年の意識と比較することにより，日本の青年の意識の特徴および問題等を的確に把握し，青少年施策の検討の参考とすること」を目的に，第1回1973年から第8回2009年まで5年ごとに実施されている。調査対象国は実施回ごとに異なり（日本，アメリカは全回実施），第8回調査対象国は日本，韓国，アメリカ，イギリス，フランスである。調査対象者は18歳から24歳の青年で，おもな調査項目は家族の形態，親子関係，家庭生活の満足度，食生活などの家庭関係，学歴，学校に通う意義・評価などの学校関係，職業関係，地域社会・ボランティア関係，国家・社会関係，情報通信関係，生き方，悩みや心配事などの人生観関係についてである。

引用文献

雨宮処凜・萱野稔人，2008，『「生きづらさ」について：貧困，アイデンティティ，ナショナリズム』光文社。
池田寛，2000，『学力と自己概念——人権教育・解放教育の新たなパラダイム』解放出版社。
岩崎香織，2006，「自尊感情の発達と家庭，学校」牧野カツ子編『青少年期の家族と教育』家政教育社。
大澤真幸，2011，『「正義」を考える：生きづらさと向き合う社会学』NHK出版。
大村英昭，2002，『非行のリアリティ：「普通」の男子の生きづらさ』世界思想社。
川北稔，2009，「若者の「生きづらさ」と障害構造論」『愛知教育大学教育実践総合センター紀要』第12号。
川添誠・湯浅誠編，2008，『「生きづらさ」の臨界：溜めのある社会へ』旬報社。
神原文子，2010，『子づれシングル』明石書店。
草柳千早，2004，『「曖昧な生きづらさ」と社会：クレイム申し立ての社会学』世界思想社。
クレスコ編集委員会・全日本教職員組合，2009，『クレスコ：特集子どもたちの生き

づらさに寄り添う』9（6），大月書店。

田中康雄，2007，「子どもたちの「生きづらさ」を考える：児童精神医学の視点から」『子ども発達臨床研究』1，北海道大学大学院教育学研究科付属子ども発達臨床研究センター。

土井隆義，2005，「かかわりの病理：ひきこもりという『自分の地獄』」井上俊他編『自己と他者の社会学』有斐閣。

土井隆義，2008，『友だち地獄：「空気を読む」世代のサバイバル』筑摩書房。

東京都教育研修センター，2009，「自尊感情や自己肯定感に関する研究」『東京都教職員研修センター紀要』第8号。

長津美代子，2001，「家族の個別化・凝集性と中学生の自尊感情」『日本家政学会誌』52-11，日本家政学会。

中西新太郎，1999『若者たちに何が起こっているのか』花伝社。

広木克行，2009，「子どもたちの生きづらさの背景と教育の課題」クレスコ編集委員会・全日本教職員組合『クレスコ』99，大月書店。

藤野友紀，2007「「支援」研究のはじまりにあたって：生きづらさと障害の起源」『子ども発達臨床研究』1，北海道大学大学院教育学研究科付属子ども発達臨床研究センター。

土方由紀子，2010，「「子どもの生きづらさとは何か」：リスク社会における不登校」『奈良女子大学社会学論集』（17）。

本田由紀，2006，『『ニート』って言うな！』光文社。

松岡英子・押澤由記，2001，「中学生の自尊感情を規定する要因：学校生活要因を中心に」『信州大学教育学部紀要』104。

宮崎隆志，2007，「システム社会における生きづらさの構造」『子ども発達臨床研究』1，北海道大学大学院教育学研究科付属子ども発達臨床研究センター。

山下美紀，2010，「子ども研究への視座：『生きづらさ』概念と生活システム論の検討」『ノートルダム清心女子大学紀要』文化学編，45。

山田美智子，2000，「子どもの育ちの環境と自尊感情」日本家政学会家族関係学部会『家族関係学』19。

●●●● 第 **4** 章 ●●●●

「生きづらさ」への生活システム論的アプローチ

第 1 節　子ども主体の生活システム

　前章において「生きづらさ」は,「子どもが認知した緊張を処理するために,生活システムを変える試みを行っても緊張処理が実現できず,現状では緊張処理の可能性が見いだせない状態」と暫定的に定義しておいた。本章では,子どもの生きづらい状況を,生活システム論に基づいて位置づけることにする。

1　生活システムの考え方

　はじめに「生活システム」の考え方について,社会学者新睦人の「社会システムの適用」(1981),「生活システムを造る意味」(1990),「生活システム」(1992),および,社会学者神原文子の『現代の結婚と夫婦関係』(1991)等を参考にまとめることにする。

　新睦人によると,そもそも「生活」とは,「行為主体の展開する行為の広がりと持続の複合的な事実であり,そのような行為過程と行為場面の総称」であり,生活それ自体をシステムととらえることができると説明される。さらに「行為主体は欲求充足と価値実現との循環のなかで捉えられ,人間的な生存にかかわる資源の生産―消費の循環的な事実のなかで生活は実現される」ものである（新 1992：184）。

　現代において,生活は「自分自身が積極的に選びとり設計すべき個人サイド

の個別的な事実として対自的に把握する段階へ移行」（新 1992：186）しはじめ，生活は「〈脇役から主役に〉に転じる」ようになった。

　新は，人間の生活の事実について，「生命体，意識，社会，文化の出来事という4種の観点からアプローチされる」ものであるとしたうえで，「人びとが他者との関わりで具体化する社会レベルのなかで作りあげられる生活の事実が，もっとも顕在的な性質をもって現れる」ことから，この社会レベルの生活事実に焦点をあわせることの有用性を指摘する。さらに「社会レベルにおける，生活諸要素の相互的な関係が，ある程度の規則性をもって作用しあう様相を考察することが，『生活』の事実に接近しやすく，理論的に構成しやすい戦略的な視点」であると説明されている（新 1992：192-194）。

　人々の生活を成り立たせる条件と諸要素は相互に関連しあって，ある程度の規則性・斉一性をもって現れることになり，この生活の特定の単位を「生活システム」と呼んでいる。

　したがって，新の言葉を借りるならば，生活システムは，「特定の生活主体が，生活欲求の充足のために，生活諸要素を組み立てながら，日々の生活を繰り返している状況の全体像」であり，生活システム分析によって生活諸要素の変数の相互連関を通して全体的なパターンを見出すことができる（新 1981：222-226，新 1992：193）。新による生活システムの基本モデルの図式が図4-1である。

　現代の社会では，情報化と国際化の動向にともない，経済，政治，文化など社会の構造を支える基本的な領域で機能の多様化と複合化が進行し，個人単位の生活を可能にするような流通と消費の社会システムと生活様式が発達してきた（新 1990：55）。その結果，「多くの中間集団において，相互作用の頻度と密度が減退し，そのパターンが変質して，集団それ自体の凝集性が希薄化していく」。個人と社会をつないでいた中間集団が，媒介のメカニズムを果たさなくなるにつれ，「個人は自分中心に生活の座標を組み」「主体の側から世界に働きかける起点として『生活』をシステム化する」というのが，新の「生活システム」の考え方である（新 1990：55）。

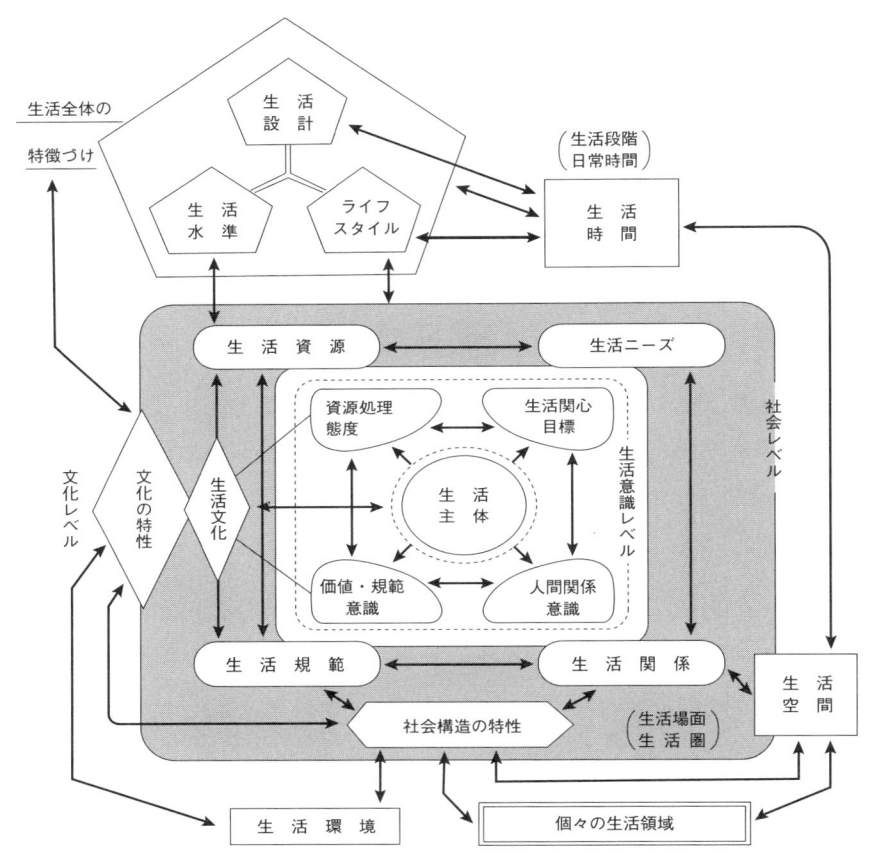

第1部 子どもの「生きづらさ」とは―理論編―

図 4-1　生活システムの基本モデル
資料出所　新睦人（1992）p.197

2 「生活者中心パラダイム」への分析視点の変容

　この生活システムの視点に立脚し，神原は，「生活主体としての個人と，その生活主体の一部分として，家族に所属する家族メンバーの部分を分析的に区別したうえで，個々の生活主体における家族メンバーである部分と，家族メンバーとして直接的に関与しない部分との相互連関を明らかにする必要がある」

第 4 章 「生きづらさ」への生活システム論的アプローチ

と述べ,「家族中心パラダイム」から「生活者中心パラダイム」への変更という視点の有用性に言及している(神原 1991:20-23)。そして,「個人が家族から相対的に自由になり,独立的に生きる可能性が高まるにつれて,個々の生活者が主体的に家族の存在意義を規定するようになってきたという現実がある」と指摘する(神原 2000:152)。

神原の生活者中心パラダイムに依拠すると,家族と個々の生活者との関係はつぎのようにとらえることができる(神原 1991:152-153)。

①個々の生活主体は,家族を形成したり家族に所属したりする事実を,その生活主体が「家族メンバー」として関与する部分として把握する。
②生活主体が主体的に家族を形成・存続させるのは,「支援システム」として意味をもつと評価される限りにおいてである。
③生活主体にとっては,家族メンバーであることによって,生活諸課題の一部分が充足されること,あるいは他の所属集団における生活諸課題の充足が妨げられないことが,家族メンバーであり続ける存続条件となる。
④生活主体が所属する種々の集団のなかで,家族が常に最重要な集団とは限らない。
⑤ある成員の家族システムへの関わりは,他の成員の家族システムへの関わりによって左右される度合いが高くなる。

つまり「一個人の生活主体にとって,その人の生活システムが家族システムのサブシステムとして全面的に包摂されるのではなく,その生活主体が『家族メンバー』として関与する部分だけが家族システムの構成要素に組み込まれる」(神原 1991:21)といえる。この枠組みに依拠し,子どもを生活者としてとらえると,家族のみならず,学校など他の所属集団との関係性も視野に入れて,子どもの生活全体を分析することが可能になる。

上に挙げた家族と生活者の関係を,家族と「子ども」に置き換えると,以下のようになる。

①´ 子どもが家族に所属する事実を，その子どもが「家族メンバー」として関与する部分として把握する。子どもがその家族の一員として関わっている部分を「子どもにとっての家族」としてとらえることができる。
②´ 子どもが主体的に家族を存続させるのは，子どもにとって家族が「支援システム」として意味をもつと評価される限りにおいてである。親をはじめとする家族から経済的な安定や，情報やサポートなどを受けることができ，子どもにとって，家族が支援システムとして役に立っているときに，子どもは主体的に家族生活を営む。
③´ 子どもにとっては，家族メンバーであることによって生活諸課題の一部分が充足されること，学校や友人関係などの他の所属集団における生活諸課題の充足が妨げられないことが，家族メンバーであることの存続条件である。つまり，子どもにとって，家族メンバーであり続けるのは，衣食住をはじめとして子どもの生活諸課題が家族生活によって充足されるときや，子どもが所属する他の集団内での生活課題の達成に家族が妨げにならないときである。
④´ 子どもが所属する家族，学校，友人，地域など種々の集団のなかで，家族が常に最重要な集団とは限らない。
⑤´ 子どもの家族システムへの関わりは，他の家族員の家族システムへの関わりによって左右される度合いが高くなる。

　子どもの家族システムは，生活システムのサブシステムとして全面的に包摂されるものではなく，その子どもが「家族メンバー」として関与する部分だけが家族システムの構成要素に組み込まれるといえる。子どもにとって，家族以外の所属集団での生活の方が重要視されている場合もあるし，たとえ子どもが家族に期待する生活課題が期待どおりに充足されなくとも，他のサブシステムにおいてその課題が代替的に充足されるならば，子どもの生活システム全体でみれば生活課題は充足されているものと考えられる。
　以上のことから，本研究では，「生活者中心」というパラダイムを援用し，子どもを生活主体と位置付け，生活主体としての子どもが，家族，学校，友人

関係など，個々のサブシステムのメンバーとして関わる部分を調整しながら，生活を組み立てる存在であるという視点に立って，子どもの生活にアプローチしていく。

3 子ども主体の生活システム

先に示した新の生活システムの基本モデルを援用して，子どもを生活主体とした子どもの生活システムを描いたものが，図4-2「子どもの生活システム」である。

生活システムは，生活意識レベルと社会レベルに分けられるが，具体的な場面で，具体的な行為によって顕在化する生活の事実として，①「生活ニーズ」，②「生活資源」，③「生活規範」，④「生活関係」が挙げられる。

①「生活ニーズ」とは，新によれば，「特定の具体的生活場面において，主体が短期・長期的に活用または排除しなければならない客観的な利害内容」（新 1981：224）である。

子どもの「生活ニーズ」について具体的に示すと，その子どもが生活していくうえで設定しているニーズであり，家族と仲良く暮らしたい，毎日楽しく暮

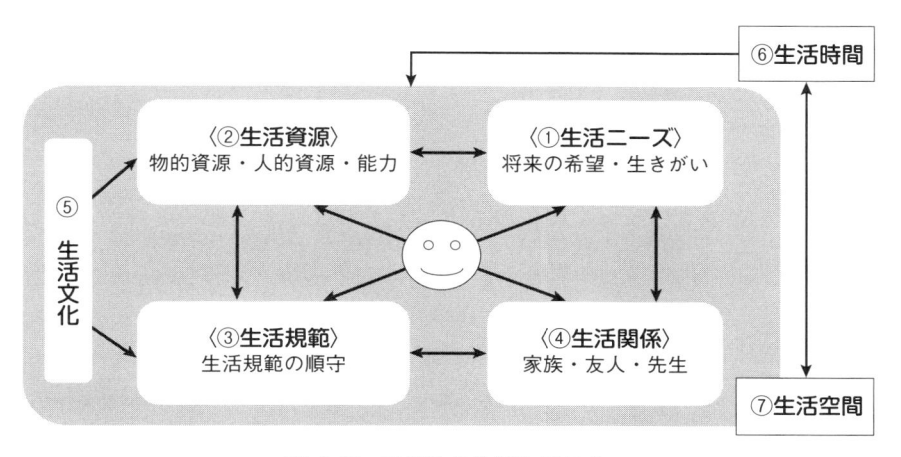

図4-2 子どもの生活システム

⑥生活時間
⑤生活文化
〈②生活資源〉物的資源・人的資源・能力
〈①生活ニーズ〉将来の希望・生きがい
〈③生活規範〉生活規範の順守
〈④生活関係〉家族・友人・先生
⑦生活空間

らしたい，勉強ができるようになりたいといった日頃の生活ニーズや，将来お金持ちになりたい，行きたい高校に受かりたいといった将来の目標など，生活上の生きがいや目標などを挙げることができる。

　②「生活資源」とは，「欲求充足のために活用されうる一般的な用具や手段」であり，物財の他に，人的資源，情報資源，影響力，関係資源なども含まれた，「生活財」や「生活便益」である（新 1981：224）。

　子どもの「生活資源」を考えてみると，生活費や学費，塾の費用といったお金や好きに使える時間や自分だけの個室といった物的資源の他に，生活をサポートしてくれる親や周りの人からのサービスを受けるなどの人的資源，遊びの情報やゲームの技術といった情報資源，勉強ができる，愛してくれている親や困ったときに助けてくれる友人などの関係資源が挙げられる。

　③「生活規範」とは，新によると「生活主体は，社会一般の抽象的で普遍的な原則を自己の具体的な生活状況，とくに，自己の利害や人間関係にあわせてより『ホンネ』の部分で通用するように編成しなおして」おり，これが「生活規範」であると説明されている（新 1981：224）。

　子どもの「生活規範」について考えてみると，「学校に遅刻しないように起きる」「宿題は忘れないようにしていく」「友だちとの約束は守るようにしている」など，子どもが日常生活を円滑にするために，子ども自身が内面化している規律や約束事ととらえることができる。

　④「生活関係」とは，「欲求を満たすために主体が，家族・近隣・地域社会・職場・その他の場面で，情緒的および人格的に，直接的な利害をめぐって，役割を課されて，勢力関係のもとに」とり結ばれる関係と説明される（新 1981：225）。

　子どもは，家族，学校，塾，部活動，ネット上などの場面において，さまざまな人間関係をとり結びながら生活している。

　⑤「生活文化」とは，具体的な場面で活用される物質的・精神的な資源や規範を，より抽象化された水準でとらえたものであり，子どもは自分の育っている文化のなかで，自分に必要な資源を取り出し，組み替えて使用している。さ

らに，子どもの生活は，子どもの経験している時間の流れに枠づけられるといった⑥「生活時間」によって秩序づけられるとともに，子どもが置かれている⑦「生活空間」の規定によって秩序づけられている，と説明されるものである。

生活主体である子どもは，自分が置かれている社会の文化や時間の流れや空間的な規定の影響を受けつつ，「生活ニーズ」の充足にむけて「生活資源」「生活規範」「生活関係」の生活諸要素を相互に関連させながら，自分なりの生活システムを構築している。

ここで，子どもたちが何らかの生活欲求や生活諸課題を達成するために，生活諸要素を関連付けながら，生活を組み立てたり修正したりしている様子について，例を挙げながら説明しておきたい。

ある子どもにとって，「友だちと楽しく遊ぶ」ことが当面の生活課題である場合，この課題を達成するために，どのような方法がとられているだろうか。たとえば，友だちに一目置かれるようなゲームの技術を身につけたり，新しい遊びの情報を入手する方法がある。また，一緒にいて楽しくなければ遊ぶ友だちを変えるという方法もある。楽しく遊ぶ目標を，勝負の結果に求めることから，友だちと一緒にいることそれ自体に価値を見出すように切り替える方法をとることもあるだろう。あるいは，勝負にこだわって友だち関係を壊すより，相手の機嫌が良くなるようにゲームのルールを破って，勝負にわざと負けるというような方法をとることもあるかもしれない。

このように，子どもは自分のもっている資源を活用したり，相手との関係性を調整したり，目的やルールを変更させながら，自分にとって「友だちと楽しく遊ぶ」という生活課題の達成に向けて知恵を使い，生活システムを組み立てながら，日々活動している。

本研究では，子どもの生活システムにおける，①子どもの欲求や目標など，生活課題や生活ニーズ，②資源のやりくりの仕方，依拠している規範・ルールといった生活資源や生活規範，③子どもがとり結んでいる関係性などの生活関係の量や質の特徴，④子どもの生活資源や関係性といった生活諸要素と生活システムに対する評価との関連を明らかにする。

4 「子ども主体の生活システム」視点からの先行研究

子どもを生活主体と位置付け，子どもの生活システムに着目した研究の事例を挙げておく。

神原文子は，子どもの生活システムにおいて，子どもたちの生活課題を「生活実現力」の育成ととらえ，生活実現力の育成に，子どもがおかれた生活環境要因である地域や階層，学校生活，家庭の雰囲気や親子の情緒的関係，基本的な生活習慣，学習理解度との関連を分析している（神原 2000）。

「生活実現」とは「生活主体が，自己の特性に即した生活ニーズを自己の生活システムの現実的な行為を通して，自他双方から一定の評価を与えられるような結果として達成すること」である。また神原は生活実現と類似の概念である自尊感情との違いに言及し，「自尊感情は，パーソナリティ・レベルの価値評価であるのに対して，生活実現は，自尊感情をコアとする生活システムレベルの価値評価」であり，「自分の生活に対して誇りをもったり，自分の生活は価値あるものだと評価できること」と「生活実現」をとらえている（神原 2000：222）。

そのうえで，神原は，自分は自分のことをどう思っているかという主観的評価ではなく，自分の生活は自分にとって価値あるものといえるかどうかという客観的な評価の視点に立って，生活実現力を測定する試みを行っている。（神原 2000：221）。子どもたちは自分の生活を組み立て，生活諸要素を調整し，直面する課題を解決しながら，「自己実現」に向けて日々の生活を営んでいる。

生活システムの分析という視点を採用することによって，子どもを生活主体ととらえ，子どもがどのように生活システムを組み立てながら生活課題の実現を達成しようとしているか，その内実を分析することが可能となるとともに，生活課題の達成を阻害している要因がどこにあるのかという課題も明らかにすることができる。

以上から，本章において，子どもを生活システムの主体ととらえ「生きづらさ」という「極限的な緊張状況」について，生活システム論的アプローチを援用しながら整理しておく。

第2節　生活システムからみた子どもの「生きづらさ」

1 生活システム変動の必要性

　神原は、「構造機能論的アプローチ」の解説において、吉田民人による情報―資源処理システムととらえる社会システムモデルの有効性を紹介し、動機性要件と許容・均衡概念を援用した社会システムの基本的状相移動モデル[1]の実証を検討課題として指摘している（神原 2001：147）。

　吉田による動機性要件と許容―非許容について、まず、達成に向けて動機づけられる機能課題を動機性要件といい、この動機性要件が許容水準以上に充足されているか否かによって、社会システムの状相を許容―非許容ととらえ、そのうち非許容状態をシステム変動の必要性とみる。

　一方、一定の与件設定のもとで、要件充足の実現可能性が限界であるか否かによって、社会システムの状相を均衡―不均衡ととらえ、そのうち不均衡状態をシステム変動の可能性として区別する。

　このことから、社会システムの基本状相は、許容―均衡、許容―不均衡、非許容―均衡、非許容―不均衡に4区分することができる（神原 2001：147）。

　この考え方を、子どもの生活システムに当てはめ、子どもが子どもなりの生活実現を目指す際に、その生活実現達成のための機能要件が充足されない非許容状態とはどのような状態かを考えてみたい。

　子どもにとっての「非許容」状態は、自分が設定した生活課題が達成できるような状況になく、子どもの期待する生活課題が、現在の状況では充足されず、自らの生活システム変えざるをえないと判断する状況である。最重要視する生活課題はそれぞれ異なるため、個人が望む生活課題はさまざまであるが、どのような生活課題にせよ、このままでは自分の望む生活課題を達成することができず、したがって生活課題達成のためには、現在の生活システムの構造を変える必要が生じる。それが「生活システム変動の必要性」である。

2 生活システム変動の可能性

　生活システムを変動させる必要性が生じたときに，生活主体は，資源や関係性や目的や価値といった生活諸要素を相互に活用し，調整し，変更させながら生活課題の達成に向けて知恵を使い，努力しながら生活システムの変動を試みる。

　生活システムを変更する必要性がある場合の生活システムの変更条件について，神原は，集団システムにおける集団レベルのストレスの分析およびストレスへの対処方法に言及し，生活システムを変動させる対処方法について，4つのプログラムを提示している。神原によると，生活システムにおけるシステムストレスは，「行為主体にとって重要な生活課題のいずれかの充足水準が低下し，現行の生活システムでは期待通りには充足されないことによって生じる主観的客観的な抑圧状況，およびその状況が持続する過程」である（神原 1990）。主体の動機性要件が許容水準以上に充足されていない状態が非許容であり，生活システムを変動させる必要性がある[2]。

　要件の充足水準が許容水準を満たすことができなくなった場合，構造変動が必要となることから，構造をどのように変えていけばよいか，その対処プログラムとして，以下のように提案されている。すなわち，①資源変更プログラム：いずれかの成員の貢献度を高めて，要件充足水準の上昇をはかる，②関係変更プログラム：要件充足パターンを変えて，選好順位の高い要件項目の許容充足をはかる，③目標変更プログラム：要件の選好順位を変えて，非許容化した要件項目の順位を下げる，④価値変更プログラム：要件の許容水準を低下させて，充足水準はそのままに許容化をはかる，である（神原 1990：96-97）。

　この対処プログラムを子どもが同級生からいじめられているような状況を想定して，あてはめて考えてみよう。

　たとえば，①資源変更プログラムには，いじめられていることを先生や親に相談していじめをやめさせてもらう，あるいは，他の友だちに守ってもらうといった方法がある。

　②関係変更プログラムには，いじめる同級生には近寄らないようにして，なるべく関わりをもたないようにする，あるいは，授業を休んでも部活にだけは

行く，学校を休んで塾だけに行くといった方法がある。

　③目標変更プログラムには，いじめをやめさせることを考えるよりも相手への仕返しの方法を練る，あるいは，いまの生活よりも将来の生活に目を向け，将来の目標に向かって頑張る，といった方法がある。

　④価値変更プログラムには，自分よりももっと悲惨な状況にある人をみつけて「あれよりはましだ」と我慢する，あるいは，「クラス替えまでの辛抱」と我慢する，占いなどに頼って「今はそういう運気なのだ」と自分を納得させるといった方法もあるだろう。

　しかし，どんな対処プログラムを講じてもこれ以上どうしようもない，いまの状況を動かしようもない膠着状態に陥ったときが生活システム変動の可能性がないときである。

　生活システム変動の必要があるにもかかわらず，その可能性が見いだせない限界の状況が，生活システムにおける変動不可能な均衡状態とみなすことができる。

　したがって，「生きづらさ」は，その個人にとって重要な生活諸課題が何らかの要因によって達成できなくなり，上記のいずれの変更プログラムを実施しても生活課題が自分の許容水準以上に達成できず，もはやなす術がない状態を指しており，「子どもが認知した緊張を処理するために，生活システムを変える試みを行っても緊張処理が実現できず，現状では緊張処理の可能性が見いだせない非許容均衡」状態であるといえよう。

第3節　「生きづらさ」の検討課題

　子どもが組み立てる生活システムの変動の必要性と変動の可能性のありようから，第2部実証編では，本章で示した生活システム論に立脚し，子どもの「生きづらさ」の構造を具体的な事例をもとに実証的に解明することを課題とする。

　手続きとして，Ⅰ．子どもの日頃の生活の様子を明らかにする，Ⅱ．その生

活の様子に対する子どもの評価（満足度）を測定する，評価において，Ⅲ．評価が非許容であるときの変更可能性の条件について検討し，Ⅳ．生活システムの類型別にみた「生きづらさ」の程度と特徴をとらえ，子どもの「生きづらさ」の実態に迫る。

次章では，中学生新聞への投書記事をもとに，子どもたちの「生きづらさ」を読み解くことによって「生きづらさ」のタイプ分けを行い，「生きづらさ」はどのような言葉で表現されているかという点に着目し，「生きづらさ」を測る標識を抽出する。

つぎに，子ども自身から情報を得るために行った量的調査をもとに分析を行う。具体的には，子どもたちが日頃，家庭や学校などの生活場面でどのような経験をしながら，どういう生活を送っているのか「Ⅰ．日常生活の様子」を測定する。

さらに，そのような日頃の生活の様子を子ども自身はどのように評価しているのか，「Ⅱ．日常生活の様子に対する評価」を測定したうえで，「Ⅰ．日常生活の様子」と「Ⅱ．日常生活の様子に対する評価」との関連を分析する。

続いて，生活システムの変更条件に着目し，子どもの生活システムにおいて使用される生活諸要素の有無を測る標識から，子どもの利用しうる「Ⅲ．生活システム変更条件」の有無を明らかにする。

さらに，「生きづらさ」尺度を作成することによって，子どもたちの「Ⅳ．生きづらさ」を測定し，「Ⅲ．生活システム変更条件」の有無と「Ⅳ．生きづらさ」との関連を分析する。

注

(1) 吉田の社会システムの基本状相移動モデルは次のように説明されている。
①社会システムの機能要件を認知し，要件の充足に向けて実際に情報―資源処理を行うのは，社会システムを構成する集団的／個人的主体である。
②社会システムの主体が，システムの形成・存続・発展にとって不可欠性が高く，代替可能性が低いと判断し，その達成に向けて動機づけられる機能課題

を，主体にとっての動機性要件という。
③動機性要件が，主体によって許容される充足水準を，当該社会システムの目標とみなす。
④動機性要件が許容基準以上に充足されているか否かによって，社会システムの状相を許容─非許容ととらえ，非許容状態を変動の必要性とみる。
⑤一定の与件設定のもとで要件充足の実現可能性が限界であるか否かによって，社会システムの状相を均衡─不均衡ととらえ，不均衡状態を変動の可能性として区別する。
⑥社会システムの基本の状相は許容均衡，許容不均衡，非許容均衡，非許容不均衡に4区分することができる。
⑦社会システムの変動については，社会システムは，要件充足基準の水準の変更，要件充足能力の配分の変更，許容水準の上昇・下降，動機性要件の重みづけの変更によって，許容─非許容を状相移動し，与件の変化や与件設定の拡大・縮小によって均衡─不均衡を状相移動するとモデル化される。
(2) 神原は，吉田民人の社会システムモデルに着想を得ている。吉田は，非許容状態において機能要件充足の実現可能性が限界となって変動の可能性がなく均衡状態となる位相を「非許容均衡」ととらえている（吉田 1974）。

引用文献

新睦人，1981，「社会システムの適用」新睦人・中野秀一郎編『社会システムの考え方』有斐閣。
新睦人，1990，「生活システムを造る意味」『社会・経済システム』9。
新睦人，1992，「生活システム」塩原勉他編『現代日本の生活変動　第2版』世界思想社。
神原文子，1990，「集団システムにおけるストレスおよびストレス対処に関する一考察」『愛知県立大学文学部論集』38。
神原文子，1991，『現代の結婚と夫婦関係』培風館。
神原文子，2000，『教育と家族の不平等問題』恒星社厚生閣。
神原文子，2001，「構造機能論的アプローチ」野々山久也他編『家族社会学研究シリーズ⑤　家族社会学の分析視角』ミネルヴァ書房。
山下美紀，2010，「子ども研究への視座：『生きづらさ』概念と生活システム論の検

討」『ノートルダム清心女子大学紀要』文化学編，45。
吉田民人，1974,「社会体系の一般変動理論」青井和夫編『社会学講座1　理論社会
　学』東京大学出版会。

第 2 部

子どもたちの
「生きづらさ」にせまる
実証編

●●●● 第5章 ●●●●

投書記事にあらわれる子どもの「生きづらさ」
——中学生新聞の分析を通して

第1節　子どもの「生きづらさ」をとらえる質的調査の意義

1 対象となる子ども

　1990年代以降，子どもをめぐって，ひきこもりや不登校，いじめ，学級崩壊，リストカッター，オーバードーズといった問題現象をはじめ，子どもたちの自尊感情の低さなどが指摘されるようになってきた[1]。また警察庁「自殺概要資料」によれば，平成22（2010）年中の0〜19歳の自殺者数は男性365人，女性は187人であった。そのうち学識（学校）別に見ると小学生が7人，中学生が76人，高校生が204人となっており，自殺を選ぶ子どもたちが少なくないことがうかがえる[2]。

　またネット上には数多くの自殺サイトが存在しており，自殺サイトへの中学生や高校生の書き込みも多くみられる。

　たとえば，2ch（2チャンネル）の自殺掲示板における，「中学生で…」というスレッド[3]を覗いてみると，「私も小学校のころからずっと死にたい消えたいって思ってました。親にいろいろ言われて家庭内暴力もあって，地獄のようでした…どこにも居場所がなくて。明日にでも死のうと思ってます。成功するかはわからないけれど。」「私も中学生です。今まさに死にたいと思っています。最近学校がめんどくさいと感じてきて」といった深刻な書き込みが続いている。

このような自殺サイトには「死にたい」「消えたい」という書き込みや，薬を大量に摂取するオーバードーズの告白や，リストカットを繰り返す告白が頻繁に見出される。こういった側面から見ると，いまの子どもたちの生活状況は，良好な状態にあるとばかりはいえず，むしろ困難を抱えた状態にある子どもも多く存在すると推測できる。そのような子どもたちはいったいどのような苦しみを抱えているのだろうか。

　本研究では，子ども自身を生活主体ととらえ，子どもたちが自分の生活システムを構築しながら生活しているという視点に立って，子どもの生活をトータルに把握する。従来，私自身，「家族の中の子ども」という視点でとらえていたが，子どもを中心に据えて「子どもの生活世界」へ接近する視点へと転換をはかる。

　いわゆる思春期は，「自分とは何か」「自分は何をしたいのか」というような自分探しを始めていく変化の時であり，不安定な時期ともいえる。もっぱら保護されたり，教育されたりという社会化される時期を経て，自立が発達課題となる。自分の生活を自分で組み立て始める時期にある中学生を対象に，子どもを生活主体者とみなす視点から，現代の子どもの「生きづらさ」という問題に接近していく[4]。

2　「生きづらさ」の実証方法

　「生きづらさ」という概念は，単に「自分に自信が持てない」や「自分が好きではない」といった個人的な自己評価にとどまらない。生活実現に向かう生活主体としての子どもが，「自分の生活に対して誇りを持ち，自分の生活は価値あるものだと評価できる」（神原2000：222）かどうかという，生活システム・レベルでの価値評価として把握してこそ，「生きづらさ」という概念がはじめて有効となる。

　また，子どもは，家族だけではなく，学校やクラブ活動，地域社会など他の集団や他者とも密接に関わりながら生活している。だからこそ，子どもを取り巻く親や先生，友人，近隣といった関係性や，子どもの所属しているさまざま

な集団における資源にも目を向けることが必要である。そのうえで，子どもの生活課題に着目し，生活課題達成に向けての取り組みや，生活課題の充足感などを尋ねることによって，子どもが自分の生活全般についてどのように評価しているのかを明らかにする必要があるだろう。

先に「生きづらさ」を定義しておいたが，ここでいま一度確認しておこう。子どもが重要視している生活課題の充足状況において，現段階では子どもにとって望ましいとは思えない非許容の状態であるとしよう。そのような非許容の状態を変更する必要性がありながら，生活システム変更条件が不十分のままである状態が「生きづらさ」である。すなわち，「子どもが認知した緊張を処理するために，生活システムを変える試みを行っても緊張処理が実現できず，現状では緊張処理の可能性が見いだせない状態」である。

本章では，先の定義に基づいて，「生きづらさ」の標識を抽出するべく，下記の点に着目して分析を進めていった。

①子どもが問題状況に直面したときに，自分の生活をどのように認知し，改変したりしているのかを明らかにする。

②子どもの生活の組み立ての様子は，自己肯定感や自己評価にどのような影響を与えているのかを実際に検証する。

③子どもの生活システムにおける生活諸要素の状態を整理する。

④子どもが自分の生活システムの変動の必要性を感じる状況と，生活システム変動のために講じられている対処方法を追う。

⑤生活システム変動の可能性が見いだせないときに陥る子どもたちの気持ちをつぶさに検分する。

子どもの日々の過ごし方や，自分の生活に対する感じ方に迫る方法として，子どもの「声」を手がかりにする方法を採用した。子どもが意味付けしている出来事によって構成されたストーリーを，子どもの視点から追っていくという方法である。そこでやや手垢のついた手法ではあるが，子どもの「声」を手がかりにすべく新聞への投書記事を分析対象とすることにした。

投書記事を分析対象とした代表的な研究には，投書内の相談を類型化し，そ

れぞれの要因の連関図から現代社会の不幸の諸類型を描き出すことに成功した見田宗介の「不幸の諸類型」がある（見田 1984）。近年では，読売新聞の「人生案内」から「夫婦関係と子ども」の関係，「夫婦関係と親子関係」の関係がどのように語られてきたかを分析した野田潤の「『夫婦の不仲は親子の不仲』か：近代家族の情緒的関係についての語りの変容」（野田 2006）や，毎日中学生新聞の中学生の投書記事を分析資料とし，投書にあらわれる「子ども」についての子ども自身の語りの変容から「自分」という論理が生まれてきた流れを丹念に追った元森絵里子の「現代日本における『子ども』の揺らぎ」（元森 2005）などが挙げられる。

　本章においては，元森と同様に中学生を対象にした中学生新聞の投書記事を用いることにした。分析のねらいは，投書記事の内容に照らして，子どもの「生きづらさ」を読み解くことにある。したがって，中学生が自分の生活について何らかの悩み相談や助けを求めているような問題化された記事を収集した。そこから，子どもが感じている問題がどのようなきっかけで，どのような経過をたどり，どのような気持ちで投稿に至ったかというプロセスに着目していった。

第2節　分析対象資料と分析方法

1 分析対象資料

　取り上げたのは，「朝日中学生ウイークリー」[(5)]の 2006 年 4 月から 2009 年 3 月までの 3 ヵ年分である。新聞投書分析の意義については，投書分析研究の嚆矢である見田の言葉を借りれば「極端なあるいはむしろ例外的な事例が他の多くの平常的な事例を理解するためのいっそう有効な戦略的データ」とみなすことができる（見田 1964：22）。つまり子どもの投書記事にあらわれている「残酷で」「信じられない」ようにみえる事例を，いまの子どもたちの平常的な状況を探る手掛かりとする。さらに新聞記事の投書を目にする読者の立場に立てば「程度の差はあれ，同じような状況を意識的・無意識的に重ねて読んでい

る」という側面があるので，投書記事の背後にある読者の意識を掬いとることができるという利点もある。

投書は，その子どもなりの物語が構成されているので，投書によって「子どもを取りまく状況が，どのように子ども自身を追い詰めていき，緊張状態に陥っていったか」という過程を見出すことができる。子どもは，投書という手段を使って，子どもにとって認め難い現状の訴えと，これ以上どうしようもないような追い詰められた状態に陥ったこと，なんとかその状況の打破しようとしていることを訴えている。

「朝日中学生ウイークリー」は，1975年，朝日学生新聞社から刊行開始された中学生対象の週刊新聞である。中学生の投書が掲載されるのは，投書欄「もぎたて倶楽部」と「いじめ伝言板」である。それぞれ約1.5頁のボリュームがあり，紙面構成上大きな割合を占めている。投書方法は手紙・はがきの他に，ファックスやメールでの投稿も受け付けている。「もぎたて倶楽部」には，中学生のさまざまな悩み相談の投書の他，自分の意見表明や同好者への呼びかけなどの投書が載せられている。「いじめ伝言版」はいじめにかかわる悩みの投書，翌週以降はそれに応答する他の投稿者からの意見や励ましの投書から構成されている。平均投書数は「もぎたて倶楽部」が8本〜12本，「いじめ伝言版」が6本〜9本となっている。「いじめ伝言板」に掲載されている投書記事は，友人や教師や親からのいじめを受けて，相談や助けを求めているものが多いため，子どもの「生きづらさ」を追うにはきわめて有効な資料となりうる。しかしながら，子どもの「生きづらさ」はいじめに由来するものだけでなく，さまざまな理由や事情によって追い詰められていくことがありうる。そのような内容の投書は「もぎたて倶楽部」のほうへ掲載されることから，この2つのコーナーの投書を分析対象とした。

「もぎたて倶楽部」「いじめ伝言板」に掲載された約3,000通の投書に目を通し，そのなかで子どもが悩みを相談しているものや，助けやアドバイスを求めている投書719件を収集した。投書内容の区分については表5-1に示したとおりである。

まず，自分自身に関わる相談は，身体に関わることと性格に関わることの２つに区分した。自分の身体や容姿についての相談や，病気や病状などについては，「容姿・身体」に，自分の性情や性格や自分に対する評価などについては「自分・性格」とした。
　人間関係については，友人関係，恋愛関係，家族関係，先生との関係に区分した。友だちとの関係や友だちができないなどの友人関係をとり結ぶうえで発生している問題の相談を「友人関係」とした。なお，友だちからの嫌がらせや暴力などが語られているけれども，本人が「いじめられているわけではない」といった記述がある場合は，「友人関係」に分類した。
　恋愛に関わる項目は異性間恋愛，同性間恋愛を問わず「恋愛関係」とした。ただし，「好きではない人から言い寄られて困っている」といった恋愛関係にない事例も含まれている。
　家族関係について，親をはじめ祖父母，きょうだいなど家族との関係や家族の状態についての相談は「親・家族」とした。
　先生への評価や先生への不満など，先生とのかかわりから生起する問題の相談は「先生関係」とした。
　日常生活上に生起する問題の相談については，勉強に関わること，将来に関わること，経済的な問題，部活動に関わること，それ以外の日常生活上の問題に区分した。
　勉強の仕方の相談や，成績についての悩みは「勉強・成績」とした。しかし，進学に対する不安や将来の夢の有無や進路についての相談は「進路・将来」とした。なかには「成績が悪く，行きたい高校に行けない」といった具合に，成績に関する問題と進路に関する問題に言及されているものもあるが，投稿者が求めているアドバイスの方向が「どうすれば成績を上げることができるか」といった具合に，成績に向いている場合は「勉強・成績」に分類し，「希望の進路を変える必要があるか」といった具合に，進路に向いている場合は「進路・将来」に分類している。
　家庭の経済状況や学費など経済的な相談は「学費・経済」とした。

表 5-1 投書の相談内容の分類

項目	悩みの内容	具体的な表記の例
容姿・身体	身体に表れる症状や病気 身体や容姿に関わる悩み	「原因不明の頭痛や疲れがあります」 「姿勢のことで悩んでいます」 「体重がコンプレックスです」 「学校に行こうとすると胃が痛くなります」
自分・性格	自分に対する評価 自分の性格について	「私は人を信じることができません」 「考え方がネガティブで自信がもてません」 「引っ込み思案で,恥ずかしがり屋で,すぐ顔が赤くなり会話をつなげることができません」 「体が男子ですが,心は女子です。親にも言い出せないでいます」
友人関係	友だちとの関係に関わる	「友人関係のことで悩んでいます」 「クラスで一人ぼっちです」 「親友とか,すごく親しい友だちができません」 「友だちからの暴力のことで悩んでいます」
恋愛関係	恋愛に関する悩み	「チャットで知り合った彼がいますが,付き合わない方がいい?」 「1こ年下に好きな人がいます。告白すべきでしょうか」 「付き合って10ヵ月になるのに,手もつないだことがありません」 「彼がやきもちを焼いてくれません」
親・家族	親との関係について 家族の状態について	「両親がほんのちょっとしたことで怒鳴りながらけんかする」 「親がとても厳しい」 「私の親は何もわかってくれません」 「親には心配をかけたくないので何もいえません」
先生関係	先生に対する評価 先生との関係について	「担任は何でも私のせいにしたり怒ったりします」 「成績をさげられたくないから先生に何もいえません」 「私は先生たちを心底軽蔑します」 「先生は見て見ぬふり」
勉強・成績	勉強の仕方について 成績について	「今より勉強がきつくなったら私はもう無理です」 「勉強に集中できない」 「わかっているのか,わかっていないのかがわからない」 「行きたい高校があるのですが,いまの成績では無理です」
進路・将来	進学に対する不安 将来の夢や進路について	「成績が悪く,行きたい高校にも行けない」 「アイドルになりたい夢,親友にとられた」 「将来の夢はなに?と聞かれたら,答えることができません」 「獣医になりたい。がんばってるのに絶対無理だといわれる」
学費・経済	お金や経済状況について	「行きたい高校は学費が高く,お金がかかる」 「私の家ははっきりいって貧乏です」
部活関係	部内での人間関係について 部の活動内容について	「部活で先輩が練習をしません」 「部活をやめたい。練習が多すぎて何もできない」 「先輩という立場になったときどうすればいいでしょうか」
生活一般	日常生活上の問題	「中学生がメークするのはだめですか」 「携帯の利用料金がやばいんです」 「子ども部屋もありません」 「私はごみが捨てられません」
いじめ	いじめられている いじめている いじめをやめさせられない	「私はいまいじめられて苦しんでいます」 「人をいじめてきた立場の人間です」 「クラスの子がいじめにあっています。『やめなよ』といえません」 「私は今いじめられているらしいです」
死・自傷	死にたい思い 身体を傷つける	「本気で死のうと思ったことが何度もありました」 「半年前からリストカットをしています」 「私は死にたいです」「私は消えたいです」 「死んだら楽になるでしょうか」
SOS・Help	追い詰められている 助けを求めている	「誰か助けてください」「だれか教えてください」 「お願いです。どうか私をこんな毎日から救ってください」 「僕は弱い人間です。今回は限界です。もう抱え込みきれません」 「これ以上,私はどうすればいい」

部活動の相談も多く、部活内の人間関係についてや、部活動の活動内容に関する相談は「部活関係」とした。

この他に携帯電話の使用をめぐる相談や個室がないといった相談、部屋が汚いがどうすればいいかといった相談は「生活一般」にまとめた。

「いじめられている」「いじめている」「いじめがあるのに何もできないでいる」、といったように、被害者、加害者、傍観者からの相談があるが、ここでは、「いじめ」に関わる相談については「いじめ」と分類することにした。

相談内容のなかに、「死にたい」「リストカットがやめられない」「消えてしまいたい」といったような、死にたい思いや自傷行為が述べられている相談を「死・自傷」とした。

さいごに、投書に「助けてください」「救ってください」「誰か教えてください」といったように、誰かに助けを求める内容が含まれている場合を「SOS・Help」とした。

2　投書の特徴

対象となった記事の投書数は表5-2に示すように、2006年度は191件、2007年度は259件、2008年度は269件である。投書者の性別は、性別が記載されている投書が少なく性比を明確に表すことができていない[6]。

すべての投書に学年が記載されているわけではないので厳密に学年の傾向をみることはできないが、判明している347件について学年別で見ると、2006

表5-2　対象投書数

	悩み投書数	匿名数	学年（判明分）		
			1年生	2年生	3年生
2006年	191	33	12	31	36
2007年	259	42	40	49	49
2008年	269	37	36	50	44
計	719	112	88	130	129

年度では1年生の投書数が2・3年生に比して少なかったが，2007年度・2008年度では，学年による投書数の偏りは見られなかった。

第3節　投書にあらわれる子どもたちの「声」

1　投書内容の特徴

投書記事において問題化された項目への該当数を表5-3に示しておいた。その結果，自分の容姿や身体に関わる内容，自分の性格や自己分析による自分評価，恋愛などの異性関係，親や家族との関係，先生との関係，成績や勉強について，進路や将来について，学費や経済的な内容，部活動での悩み，日常生活上の問題，友人との関係，いじめに関わる内容，リストカットや死にたいという訴えまで，多岐にわたっており，投書には現代の子どもたちの生きづらさが如実に反映されている。

投書に言及された相談内容の項目について該当件数をみてみると，「友人関係」について語られている投書が719件のうち300件と約4割を占めている。「友だちができない」とか「友だちから嫌われている」といった投書もあるが，「友だちはいるが親友と呼べる人はいない」「本当の友だちがいない」といった内容が多いことから，子どもたちにとって「友だち」が二極化しており，自分のことを本当にわかってくれる友だちを「真の友だち」と措定し，他の友だち

表5-3　相談内容の項目別の該当数

	容姿・身体	自分・性格	友人関係	異性関係	親・家族	先生関係	勉強・成績	進路・趣味	学費・経済	部活関係	生活一般	いじめ	死・自傷	SOS Help
2006年	31	50	63	43	31	15	22	5	2	9	34	35	12	24
2007年	25	62	116	41	34	17	13	18	4	19	34	58	23	70
2008年	22	82	121	44	44	17	16	16	1	18	19	37	26	77
計	78	194	300	128	109	49	51	39	7	46	87	130	61	171

第5章　投書記事にあらわれる子どもの「生きづらさ」

との差別化をはかっている様子がうかがえる。

　つぎに多いのが、自分の性格や自分の性情について語られた「自分・性格」投書の194件である。「私は人を信じることができない人間だ」「自分が嫌でたまらない」「友だちを信用できない」といった内容で、とりわけ友人関係と連動して語られることが多い。土井隆義が指摘するように、いまの子どもたちの間にみられる高度な気づかいをともなった「優しい関係」によって構築されている友人関係の脆弱さゆえに、揺らぐことのない確固とした友人関係を求めるメンタリティーが強く働いており（土井2008）、同時に「真の友だち」ができないのは「自分」のせいだという思い込みに絡みとられて身動きできなくなっている様子が見出される。

　つぎに多いのが、「いじめ」にかかわる内容の投書の130件で、「いじめられている」といったいじめの告白から、「いじめがあるのに、何もいえない」あるいは「いじめている」といった被害者、加害者、傍観者という三様の立場からの語りが見出せる。

　家族との関係についての投書は109件あり、その内容は「両親の仲が悪い」「親がとても厳しい」「親は何もわかってくれない」「親に嫌われている」などである。

　逆に件数が少なかったのは、学費や生活費についてで、「行きたい高校は学費が高くお金がかかる」といった経済的な内容の投書は3年間で7件であった。分析した投書においては、中学生の日常生活において日本社会の経済不況の影響はそれほど直接的ではなく、中学生の実感として経済的な問題を深刻にとらえていなかった。2009年以降の経済不況の問題が子どもの生活実現にどのような影響を及ぼすか見守ってゆく必要があろう。

　投書数は61件と全体の1割に満たないものの、「死にたい」「リストカット」といった自傷行為や自殺願望について語られている投書も無視できない。

　また投書の締めくくりが「誰か私を助けて」「お願いです。私を救って」といったように、子どもの追い詰められた状況が語られている投書が171件と全体の2割以上を占めていた。

また，投書のさいごに「これを読んで気分が悪くなった人がいたらごめんなさい」「不快に思う人がいるかもしれませんが」といったように，読み手に気を遣う表現が多くみられた。土井は，いまの若者たちの人間関係の取り結び方の特徴として，「薄氷を踏むような繊細さで相手の反応を察知しながら，自分の出方を決めていかなければならないような緊張感がたえず漂っている」（土井 2008：9）と指摘しているが，過剰に他者に気を遣っている点も注目すべき現代の子どもの特徴といえよう。

2 対象とする投書

　投書をみると，「部活の先輩と全然話すことができません。どうしたら話せるようになるでしょうか。」や「中高一貫の私立高校に通っています。この学校では海外研修制度があるのですが，行こうかどうしようか迷っています。」といったように，ひとつの投書の相談内容がひとつの悩みで構成されている投書が 310 件で，全投書の 4 割強を占めている。残りの 6 割弱は，ひとつ投書のなかに複数の悩みが重層的に語られている。

　本章の分析上のねらいは先にも示したように，子どもが問題状況に直面した時に，自分の生活状況をどのようにとらえ，子どもの生活システム上の生活諸要素がどのような状態のときに，自分の生活システム変動の必要性を感じるのか，そして，生活システム変動のためにどのような対処方法を講じるのか，それでもシステム変動の可能性が見いだせないようなときに子どもたちはどういう気持ちになっていくのか，という点をつぶさに検証していくことである。そこで，投書中に複数の悩みが語られ，かつ，その悩みが SOS・Help を求めるに至っている投書を分析の対象とすることにした。したがって，719 件の投書中，悩みの項目が複数あり，追い詰められて助けを求めている投書 168 件を使用した。

第4節　事例分析

1 事例分析の方法

　第4章において，ある個人が望んだような生活ができていない状況を許容化するような条件下にあるとき，その状況を変えるシステム変動の可能性として，神原の構造危機のストレスに対処するために考えられた対処プログラムを紹介した。この対処プログラムを参考に子どもの非許容を許容化の水準にまで変更しうる下記のような変更プログラムを考えてみた。

　資源変更プログラム：状況を変えられるだけの資源を調達できるか，あるいは資源を動員することができるか。時間やお金，自分の能力やサポート体制などの生活資源があるかどうかである。資源は，時間，お金，情報などの物的な資源と，関係性とも重なるが親からの応援や励まし，味方してくれる友だちなどサポート体制という関係資源に分けられる。

　関係変更プログラム：状況を変えうるような他のメンバーの協力を得られるかどうか。生活上の関係性についてであり，子どもの場合おもな関係は，親との関係，友だちとの関係，先生との関係などが考えられる。それぞれの関係に対して期待する役割を変えられるかどうかという関係性の問題である。

　目標変更プログラム：いまの目標とは違う別の目標をもつことができるかどうか。将来の目標や夢があるといった生活目標の確認である。

　価値変更プログラム：いまの目標の許容水準を下げることができるかどうか。現在問題となっている生活課題の優先順位を下げることによって，問題のレベルを引き下げることができるかどうかという生活価値の問題である。

　個人にとって，最重要視する生活課題はそれぞれ異なるため，個人が望む生活課題の内容はさまざまであるが，どのような生活課題にせよ，自分の望むような生活課題が達成できないような状況のとき，自分の思うような生活にするために，いまの生活システムの構造を変える必要が出てくる。

　人は，生活システムの変動の必要性が生じたときに，何らかの対処方法をと

ることによって生活システムの変更を試みる。しかし，どんな対処方法を講じても，これ以上どうしようもない膠着状態に陥ったとき，子どもの生活システムは変動不可能な均衡状態に陥り，追い詰められていくことが考えられる。

投書の内容をみていくなかで，子ども自身が感知した問題状況や，その状況を何とかしようと講じた対処方法，ある時点で救われたりあるいは追い詰められていったりしている様子がみえてきた。そこで，追い詰められ「SOS・Help」を求めるにいたった投書168件のなかから特徴的な投書を選択し，子どもにとってある生活課題が問題化し，追い詰められていくプロセスを描いてみた。その結果，大まかに分けると次の4タイプに分類することができた。以下順にみていきたい。

2 タイプ別投書事例
A 資源変更条件が整わないタイプ

自分にとって重要な問題がおこり，その問題を解決するために必要な資源が見つけられず追い詰められているタイプの事例を挙げ，問題状況の構造を説明する。

事例a-1　僕は今度中3になります。今日は皆さん，特に新高1，新中3になる人たちに相談したいと思って投稿しました。僕は中1の頃は正直学校の順位は下から数えた方が早い順位でした。塾の教材も手つかずで，部屋も荒れていました。父親からは暴力と説教，母親は愚痴や嘔吐を繰り返していました。親を「絶対見返してやる」と思い，死ぬほど勉強して中2の秋には第1志望校の高校ZでA判定が取れたのです。しかしまた問題が発生しました。それはこの高校が付属校なので学費が高いこと，さらに中1の妹もZ高校が第1志望だということです。うちは裕福な家庭ではないです。Z高校に行きたいといった時，親は「お金は何とかするから心配しないで」といいましたが，母親は僕の成績が下がるたびに公立をさりげなく勧めてきます。株価が下がりつつある父の会社では無理なんだと思います。僕的には，病弱な母親に働

かせてしまうのは嫌だし，小学校の頃からZ高校に行きたがって勉強を頑張り続けている妹だけでも行かせてやりたい気持ちです。両親のことは今でも嫌いですが，親に負担はかけたくない。でも自分も行きたい…。わけがわからなくて死にたいです。どうすればいいでしょうか。（2008年3月16日　2年・檻）

　この投書では，成績が悪いことで親との関係も悪く，自分自身の生活態度も悪かった過去の自分を認識し，そこから「親を見返す」つもりで自分なりの努力をしたことが述べられている。親を見返すという気持ちには，親に認めてもらいたいという気持ちが反映していると考えられ，成績が上がり，親も認めるであろう高校のレベルにまでがんばったという思いがある。また「成績が下がるたび」という表現からは，いまの成績がかなりの努力によって維持されている様子がうかがえる。

　投稿者にとって，自分の努力でここまで状況を改善してきたにもかかわらず，経済的な理由で目標を変えなければならないこと，ギリギリのところまで努力していること，自分の望みを捨てたくはないものの，この状況を改善するような方法が見いだせず追い詰められていることがわかる。

　自分の望む生活を実現するためには，経済的な資源が不足しているという現状と，母親を働かせるわけにはいかない，妹の望みを邪魔立てするわけにはいかないという家族内の関係性における配慮があり，自分の目標を変えざるを得ない状況に陥っている。しかし状況を変更しうる対処方法が見いだせず，どう

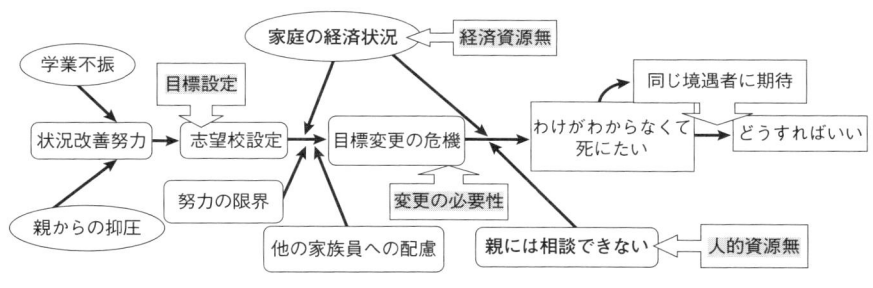

図5-1　資源条件が整わないタイプa-1

しようもない状況が「わけがわからなくて死にたい」という言葉に表されている。
　投稿者にとって直接的な問題は経済資源の不足であるが，誰かからの金銭の工面を求めているわけではない。とくに，中3，高1の人へ相談をもちかけていることから，自分と同じような境遇にある人との共感や，同じような境遇を乗り越えた人からのアドバイスを求めていることがわかる。

　事例a-2　みなさんの意見を聞かせてほしいことがあります。守りたいもののために秘密をもつということはいけないことなのでしょうか。私の母親は，双極性気分障害という病気を持っています。その病気は，ひどく落ち込んで自殺未遂を繰り返したかと思えば，今度は異常にテンションが高く，ひたすら話しまくったりします。母親はまさにその典型で落ち込んだときは，身も心も傷つけようとします。父親は，その母の介助によって疲れ果てています。こんな家庭で，みなさんは自分の苦しみを家族に打ち明けられますか。私は三年間ずっといじめを受けています。苦しいし，痛いし，死にたいほど生きるのがつらいんです。でもその苦しみを親に言えば，私の目の前で苦しむでしょう。もうそんなのに耐えられないのです。けれど担任は，親に言おうとします。私は担任が責任を親になすりつけようとしているようにしか思えないのです。でもやっぱり，守りたいもの（私にとっては親の命や，それにともなう者の命）のために親に秘密をもつことは，だめなのでしょうか。私はいじめられていることをいうことによって，私の大切な人の命を傷つけることになるのに，それでもいえますか？いわなければなりませんか？（2008年1月13日　SJH）

　この投書では，親が病気であること，学校でいじめを受けており自分の望むような良好な日常生活をおくれていないこと，さらに先生を信用できていないといったことが語られている。投稿者にとって，問題は，親の病気やいじめといった一つひとつの事柄にあるのではない。いじめや親の病気といった引き続き起こった出来事による日常生活の劣化という状態は，投稿者自身が許容水準を引き下げることにより維持されてきたぎりぎりの状況といえる。

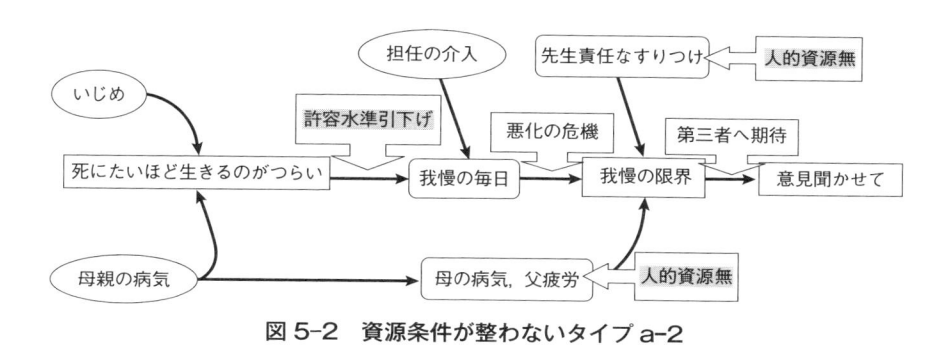

第5章　投書記事にあらわれる子どもの「生きづらさ」

図 5-2　資源条件が整わないタイプ a-2

これまでは自分が我慢することで，その状況を何とか凌いできたものの，いじめの事実を親に言おうとする先生の行動により，その危うい均衡が破られようとしている。他に救いを見出そうにも，友人や先生らとは良好な関係性がとり結べていないという生活関係の不足があるうえに，親が病気であることから，親に頼ることができないというサポート資源の欠如が重なり，投稿者自身ではもはや状況を変える可能性を見いだせず，身動きが取れなくなるほど追い詰められているタイプである。

親が病気の状態にあって，いじめられることに耐えられるとあきらめられる子どもは少ない。しかしこの投稿者は，学校でのいじめも親の病気も，自分のなかで仕方がないと許容水準を引き下げて受け入れてきたことが示されている。ところが，先生の介入によって現状の状況がさらに悪化することが予想され，先生にも，親にも頼ることができず，別の打開策を探そうにも，その可能性が見いだせないでいる。自分で何とかしようにもどうしようもできないことから，これ以上は限界である「死にたいほど生きるのがつらい」という心境にまで追い詰められていることがわかる。

B　関係変更条件が整わないタイプ

状況を変更したいという生活システム変更の必要性があるにもかかわらず，状況を変えるのが困難で，身動きが取れなくなっているタイプの投書である。

107

第2部　子どもたちの「生きづらさ」にせまる―実証編―

　事例b-1　私は今，友達をいじめています。いじめられている人の気持ちはわかります。でもやめられないンです。家に帰ってから後悔して…。それでいまリスカもやってます。自己嫌悪…です。友達の前だと思ってもないような悪口を言ってしまいます。私の部活は，すごく気が強い人が結構います。そして，私は気が強い方のグループにいます。クラス内では二人不登校になりました。私のせいなのかな…。「いじめてた」なんて親に死んでもいいたくない。心配かけたくない。それなのに止められない…。誰か助けて…。いつからこんな風になっちゃったんだろ…。今も自分が死ぬほど嫌い。「カッコイイ」をいつからかはき違えてたのかもしれない。死にたい…こんな自分…死ねばいいのに…いざとなると死ねない…どうして？こんな自分…いらない…いらないんだよ。誰かに同情されたくないけど…誰かに言わなきゃ…自分が何かにのっとられそうで…怖かったんだ…いじめている自分が…怖くなったんだ…。誰かこんな私と同じ人はいないでしょうか？皆に嫌われたくない…彼氏にも知られたくない…誰か返事待ってます。さよなら（2007年9月30日　2年・美胡）

　この投書では，投稿者はいじめている側であり，悪口をいうのがやめられないことや自分のせいで友だちが不登校になっていることを悔やんでいる様子がうかがえる。そのことで自己嫌悪に陥り，自傷行為を始めていることが語られている。さらに，親には心配をかけられないし，彼にも知られたくなく，いまの人間関係を壊したくないと思っている。自分のやっていることを話すことによって状況が悪化し，自分の望むような生活ができなくなる危険性があることを自覚している。しかし，リストカットをしたりいじめをしたりして友だちを不登校にするなど，自分自身の状況は決して許容できるものではない。
　つまり，自分が変わらなければだめだという変更の必要性を感じているにもかかわらず，皆に嫌われたくないために，誰にも相談することができず，状況を変えることが困難である様子が示される。変えたいのに変えられないというはざまで身動きが取れなくなって，なす術がなく「死にたい」という思いにつながっているというタイプである。そこで，自分とは直接かかわりのない，新

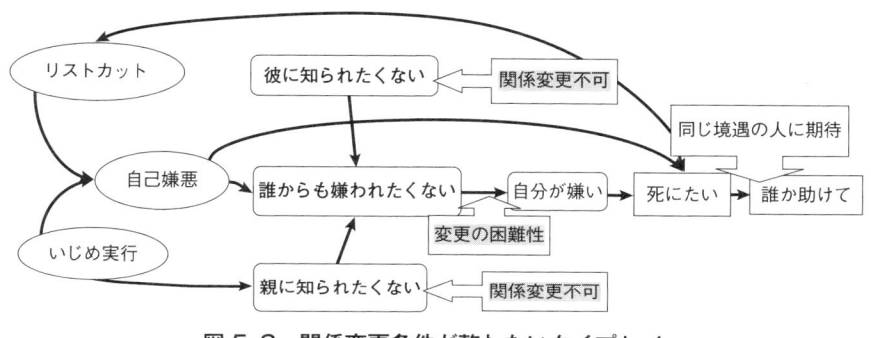

第5章　投書記事にあらわれる子どもの「生きづらさ」

図5-3　関係変更条件が整わないタイプ b-1

聞の読者に救いを求めてなんとか今の状況を打開しようと投書行動に出ていることがわかる。

　事例 b-2　部活に行くのがつらい，顧問の先生が苦手です。というか嫌いです。先輩も苦手。部活に行こうとすると頭痛がしてきます。母親に「なんか嫌なことあった？」と聞かれました。でもいえません。仕事が忙しいし，病院にも付き合わせちゃったし，これ以上迷惑かけたくないんです。友だちにも相談する気がおきません。たぶん，親も友だちもあまり信用できていないんだと思います。カッターで手を切ってしまいました。誰かに気付いてほしくて。（2008年9月14日　1年・望）

　この投書では，部活の先生や先輩との関係が良くないことが示され，部活動に行きたくなく，頭痛という体の変調にも表れ，部活に行くことが困難な状態にある。親は気がついてくれているものの，親に対しては迷惑をこれ以上かけられない，そして信用できないという気持ちをもっており，友だちに対しても同様に信用できないという気持ちを持っていることから，親や友だちに相談しても解決できないと感じている様子がうかがえる。しかし，自傷行為を行うなど，何とかこの状況を変えたいという変更の必要性を感じており，誰かにこの

109

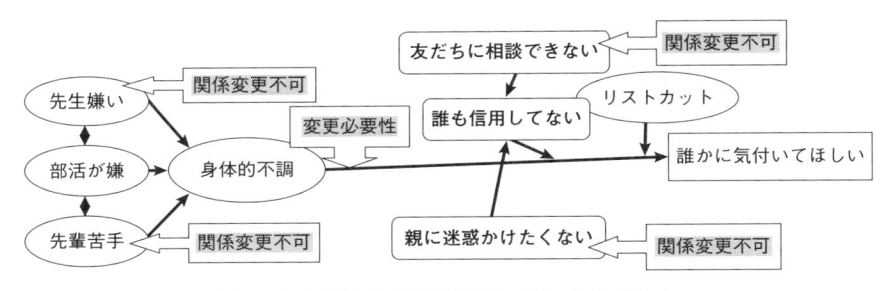

第2部　子どもたちの「生きづらさ」にせまる―実証編―

図5-4　関係変更条件が整わないタイプb-2

つらさをわかってもらいたいという気持ち，誰かに気付いてもらいたいという気持ちから投書行動に出ている。

　現在の投稿者にとっては，部活動がいちばん重要な問題領域であり，そこでの人間関係の問題に直面している。問題解決の方法としては，部活動をやめるという選択もありそうに思えるが，投稿者にとっては部活をやめることによって状況を変えることが難しい。部活の先生や先輩を取り換えるわけにもいかず，親にも迷惑かけたくないし，友だちにも頼れない，頼る人が誰もいないなど，直接的な人間関係上でのサポートが得られないでいる。困難を感じながらも，自分から主体的にいまの状況を変えることができない葛藤状態にある。

　そこで，投稿者の選んだ解決の策は，自分のつらさを親や友人といった直接関わっている人間以外の誰かに気付いてもらうことである。投書からは誰に気が付いてもらいたいのかという点までは読み取れないが，リストカットをするぐらいつらい気持ちを誰かにわかってほしいという気持ちがあること，あるいは，リストカットという目に見える形の行動をとっていることから，身の回りの人にわかってもらいたいという気持ちがあることが予想される。自分のことをわかってくれる誰かという資源を手に入れることによって，この状況から抜け出したいと願っている様相が見て取れる。

C　ニーズ変更条件が整わないタイプ

　生活ニーズを設定することができないことに由来する問題で，現在の状況に

第5章　投書記事にあらわれる子どもの「生きづらさ」

むなしさを感じていたり，社会や世間に対して不信感を抱いており，将来への展望も描くことができず，生きていることに意味が見いだせないことから救いを求めているタイプを挙げる。

事例 c-1　最近カッターとかを見ると，無意識のうちに手首に当てています。別にいじめられているわけではありません。死にたいと思ってもいません。ただ強いて言うなら，人間不信でしょうか。習い事とかの帰り道にも，人とすれ違うだけで「腐ったヒトばっかだな」って思います。こんなこと思春期の中学生にはありがちですよね。でも，ニュース見てても，明るい話題なんて一つもないじゃないですか。つくづく腐っていると思います。大人になっても，なりたい職業に就ける人間なんてほんの一握りです。だから，私は将来の夢とかいう無駄なものは持たないようにしています。そんなものを持ったって，大人になってから絶望するだけです。大人なんてそんなものです。きれいごとばっか並べて，「夢を持ちなさい」やら「ヒトを信じなさい」やら，正直言ってウザいです。人間，ヒトを信じられなくなったら終わりって言うじゃないですか。私は終わった人間ですよね？この世にいりませんよね？かと言ってこんな腐った世の中のために死ぬのもバカバカしいですね。私自身まだもっと純粋だったら…と思っているところがあります。どうしたら良いのでしょうか。最後に汚い言葉遣いをお許しください。(2007年7月15日　ichi)

この投書では，世の中に対する不信や人間不信から，将来の夢を持たないことが語られている。リストカットをしていることや，自分がもう少し純粋だったらと思っていることから，いまの生活が自分の望むような状態ではないことがわかる。実際の人間関係については触れられていないが，「ヒトを信じられなくなったら」と暗に人間不信であることが示されている。そのことによって他の人に頼ることもできず，周りの大人に幻滅している様子がうかがえ，将来への希望ももてないことから，救いを求める心境へとつながっている。

投稿者は，自分のことを思春期にありがちな考えだと冷静に自己分析しなが

ら，将来あるいは世の中に対して希望が持てないことに躓きを感じている。しかし，もっと「自分が純粋だったら」という言葉の背後には，こう考えるのは自分が悪いという自責の念があると同時に，この状況を何とかしたいという気持ちがあることがうかがえる。つまり，目標を定めることができないでいること，それでも何とかしたいと思い救いを求めて投書行動に出ていることがわかる。

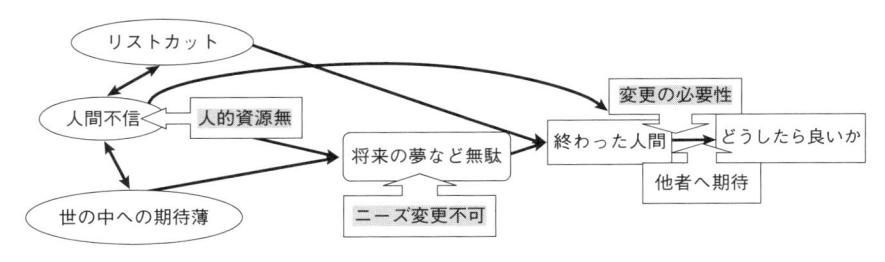

図 5-5　ニーズ変更条件が整わないタイプ c-1

図中の要素：リストカット／人間不信／人的資源無／世の中への期待薄／将来の夢など無駄／ニーズ変更不可／終わった人間／変更の必要性／どうしたら良いか／他者へ期待

事例 c-2　私は半年前からリストカットしています。きっかけは，学校での人間関係が悪くなって人が信じられなくなって，自分が嫌いになったからです。家や学校では毎日それなりに楽しく過ごしていて本が好きな「私」。よく笑い，それなりにしゃべって，将来の夢は，通訳や翻訳の「私」。でも本当の私は感情をもつのがイヤ。誰とも話したくない。将来の夢なんてもってない。そして少し「死」にあこがれている私がいるんです。人間としていくのがもうイヤでたまらなくてロボットみたいに特に誰とも話すことなく，生活したいんです。無表情で，無感情なロボットでいたいんです。このままだったら私はちょっとしたことで死んじゃうかもしれません。でもきっと心の奥でそれを望んでいるんです。人間でいたくないって。でも本当に私は，ロボットのようになりたいんです。何をしても疲れるだけだから。(2006 年 6 月 18 日　和槻)

この投書では，学校内の人間関係の破綻をきっかけとして，人間不信にな

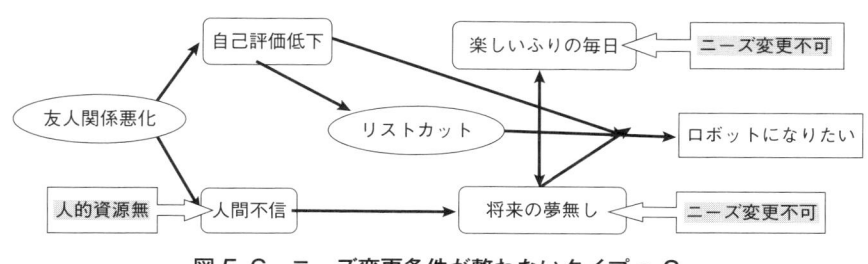

第5章　投書記事にあらわれる子どもの「生きづらさ」

図5-6　ニーズ変更条件が整わないタイプc-2

り，そんな自分を嫌いになったことによって自傷行為が始まっている。しかし一方で，「こうあらねばならない」と自分が中学生として期待されている役割像を懸命にこなす努力をしている。ここからまずこの投稿者が中学生に求められている役割期待として「いつも笑って，しゃべって，夢を語っていなければならない」と認知していることがわかる。その役割を遂行しようとしているものの，実際には自分の夢なり目標なりが見いだせないという生活ニーズの喪失が語られている。誰とも話すことなく，誰に気を遣うこともなく，疲れないでいられるロボットのようになりたいという思いが示される。他人や将来や自分に期待できず，希望がもてないことから，生きていくことに意味を見いだせなくなっているタイプである。

　しかし，誰ともしゃべりたくないロボットになりたいと語られる一方で，このように投書行動に出るということは，自分の気持ちを誰かにわかってもらいたいという思いの表れでもあり，なんとか，この状況を変えたいと思っていることがうかがえる。

　ここにあげた投書は，人間や社会に対する不信があり，将来の夢や希望が持てないことから追い詰められていくという過程をたどっている。他者の期待に沿った目標の設定や，自分なりの生活ニーズが設定できない，生活ニーズをどのように設定して良いのかわからない，といったことから焦りを感じ，追い詰められているタイプである。しかし，目標がもてないということだけが問題ではなく，その背後には表面的には普通の生活をしているにもかかわらず，誰も

信用できない，誰にも相談できないで，実は孤立を感じているという関係性資源の不足もある。一見すると，普通以上に良い生活をしているけれども，自分にとって今の自分の状態は満たされた状態とはいえず，将来への希望ももてないだけでなく，さらに誰かに相談することもできないことから追い詰められた心境が語られている。

D　許容水準引き下げ限界タイプ

これまでの生活において，つらいことが起こった時，あきらめる，我慢するなどして，自分の許容水準を下げることによってなんとか対処してきたが，これ以上，許容水準を引き下げることができないところまで追い詰められているタイプの事例を挙げる。

事例d-1　この文章を読んでいる皆さん，はじめまして，そしてさようなら。僕はこの文章を書き，投稿したあと死のうと思います。理由は，いわゆるいじめというやつです。でも，いじめがつらいから死ぬわけではありません。自分が怖いんです。僕はわりと静かに本を読んでいたり，何をするでもなくぼーっとしていたりすることが趣味でした。つまり静かな時間が好きでした。でもそのせいか，暗い，オタクだなどと言われ，プライドの高かった僕はそれに反発し，クラスから孤立しました。それでピリピリしていたのか，家族のことが疎ましく思えてきました。特に祖母と父が。祖母は元教師だったせいもあり，よくしゃべる人です。食事のときなどペラペラしゃべっていて，だんだんと声を聞くだけでストレスがたまるようになりました。僕や家族の失敗などを近所中にしゃべるので，本当に憎らしかった。父は細かいことをくどくどというくせに自分のことは母に全部まかせて，反抗すると暴力をふるってきました。僕はだんだんと，クラスメートや家族を本気で殺したくなりました。気がついたら部屋にはバトル・ロワイヤルなどの殺人のある本でいっぱいでした。包丁に目がいく。自分が怖くなりました。自分の中のどす黒い塊が急速に膨張していくのがわかりました。だから死にます。他人を殺さないために。自分よ

第 5 章　投書記事にあらわれる子どもの「生きづらさ」

りもっと多くの命のために。どうか皆さん，何かコメントしてください。僕はもういませんが，まだ救うことのできる人たちのために。もし死ねなかったときの僕のために。(2006 年 12 月 3 日　仮面の闇)

　投稿者にとってまず問題とされた項目は，学校内のいじめと家族関係の悪化である。学校生活でのいじめによって，自分の好きな生き方が否定され，学校に居場所がない様子がうかがえる。同時に父親や祖母の抑圧的な態度によって，家庭内でも自分の望むような日常生活を送ることができないという状態が継続している。

　「本を読んだり，ぼーっとしたりする」静かな時間を過ごすというのが，本人が望む生活である。しかし学校という所属集団システムにおいて，いじめ行為を受け，自分の思うような学校生活が送れない状態にある。さらにもう一つの所属集団である家族システムにおいて，父親や祖母から我慢のならない扱いを受け，家庭内でも自分の思うような生活ができていない。

　学校生活における許容の水準を引き下げるだけにとどまらず，家庭生活における許容水準も下げざるをえない必要性に迫られている。大人であれば，所属集団から離脱することも可能であるが，中学生は家族集団からも学校集団からも離脱することが難しい。離脱不可能であることから，自分の欲求充足を阻害している家族やクラスメートを消し去る，つまり「殺す」ことによって状況を

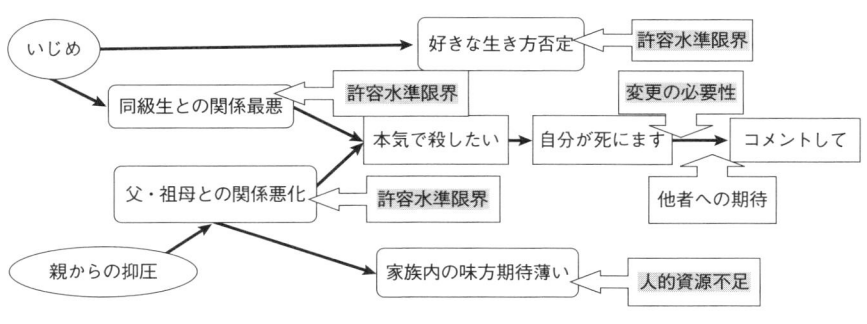

図 5-7　許容水準引き下げ限界タイプ d-1

変更する打開策を考えたものの，それも実際には難しく，自らを消してしまうしか方法がないという気持ちに追い詰められている。

「クラスメートや家族を本気で殺したくなりました」と書かれているが，投稿者にとって殺したい対象は，いじめで自分を孤立させたクラスメートと，口うるさく暴力をふるう父親および悪口を言いふらす祖母であると推察される。そして，彼らには投稿者に殺されるに足る理由があると説明される一方で，「他人を殺さないために」自分が死ぬと述べている。さらに，「まだ救うことのできる人たちのために」「死ねなかった時の僕のために」コメントを求めている。つまり，他人も自分も殺したいけど殺せないということを自覚していることが予想される。まだ「救うことのできる人たち」というのは具体的に誰を指すのか判別できないが，「同じような状況にあって苦しんでいる人たち」と読み替えるならば，投稿者自身，この苦しみは自分だけではなく，他にもいるだろうことを予想し，誰かに気持ちを共有してもらうことを望んでいるといえるのではないだろうか。自分を殺して状況を打開する策以外の方法を求めて投書行動に出ており，なんとかいまの状況を変えたいという救いを望んでいることがわかる。

事例d-2　中学２年のSと言います。みなさんに相談したくてメールしました。私は母にものすごく嫌われてしまいました。それは，私が中１の時のテストで悪い点数を取ってしまったことから始まりました。点数のことで怒られるのは小学校の時と同じようにご飯を抜きにされるぐらいだったのですが，最近はエスカレートして私自信（ママ）が壊れそうなんです。最近は怒るたびにコップやフォークも飛んで来て，頭の上からガラスの置物まで落とされます。私はそれぐらいは我慢できるようになったのですが，どうしても言葉の暴力のほうは耐えられないのです。暴言は「くそS！」「くそSなんて生きている価値なんていない」「こいつがいるせいでこの家族は崩壊してきているのよ」「私は犯罪に手を汚したくないから，あんた自殺してちょうだい」などと言われます。母の機嫌がいい時はとても優しいのですが，機嫌が悪いと全部私にぶつけてきま

第 5 章　投書記事にあらわれる子どもの「生きづらさ」

す。私にも原因があると思い，頑張って成績もあげたし，家族全員に敬語で話すようにし，言われたことも全部聞くようにしました。でも状況は良くなるどころか悪化しています。今まで味方してくれたお父さんも私から離れてしまいました。それと，私と比べるわけではないのですが，最近知ったことで，私の妹（小学生）はテストの点数がものすごく悪いのに母に甘やかされています。私と妹の違いはなんでしょうか？どうしたら私も母に気に入られるようになるんでしょうか？教えてください。私は自殺する気は全くありません。でも気がつくと悲鳴をあげたりしているのです。このままいったら私は本当に壊れて何をするかわからないんです。どうか教えてください。お願いします。PS. 通報などはしないで下さい。（2007 年 5 月 27 日　2 年・S）

　この投書では，テストで悪い点を取ったことをきっかけに，母親から身体的な暴力を受けている。小学校の時から食事を抜きにされることが始まっていることも同時に語られ，母親からのひどい仕打ちが昔から継続していることが示されている。このような状況に対し，状況を変えるべく自分なりの努力も重ね，親の仕打ちに対しても，「私はそれぐらいは我慢できるようになった」と許容水準を下げることによって何とかこらえてきた。しかし，母親からの言葉の暴力，味方だった父親の離反，同じきょうだいにもかかわらず妹ばかりが可

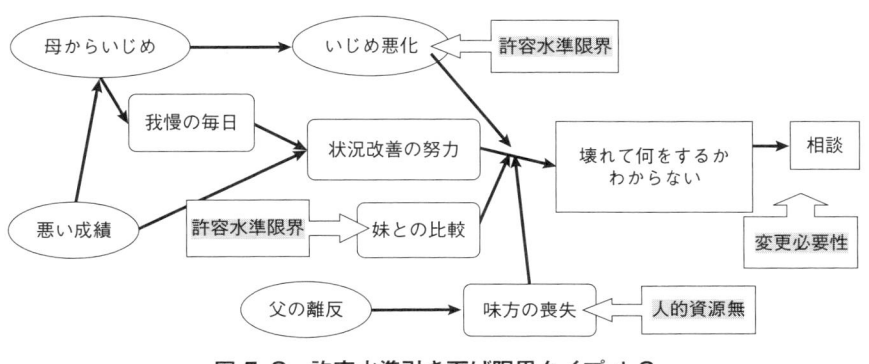

図 5-8　許容水準引き下げ限界タイプ d-2

愛がられるという理不尽さから，我慢の限界にきていることが語られている。

母親に認めてもらいたいという気持ちは変わらないため，この苦しさから逃れる方法は母親に認めてもらうことであるが，その可能性はない。それどころか，父親からのサポート資源もなくなり，他からの助けも期待できず，これ以上状況を変更させるような資源も見出せないことから「壊れてしまう」という気持ちにまで追い詰められているタイプである。

ここに挙げた事例は，学校でのいじめや親からのいじめなどを受けており，必ずしも快適な日常とはいえない状況にある。しかし，「我慢する」といった具合に，許容水準を下げることによりなんとか毎日の生活が保たれてきた。しかし，さらなる状況の悪化，たとえばd-1では，学校生活でのいじめによってかなり我慢を余儀なくされていたにもかかわらず，さらに，家庭内でも辛い状態に陥っていることが，またd-2の事例では母からの暴言や父の支援喪失などによって，なんとか保たれていた許容の限界が超えてしまったことが示されている。自分の生活が自分の望むようになっていないことに対して，許容水準を引き下げなんとか我慢することによって，ぎりぎりの状態を保っているにもかかわらず，さらなる問題が生じることによってこれ以上の許容水準の引き下げによる打開策を取ることができず，どうしようもない状況に追い詰められ，それでも，何とか状況を変えたいという気持ちから投書行動に出ていると解釈できる。

4 事例分析の小括

現代の日本における子どもたちが，どのような悩みを抱えながら生活しているのかを，投書にみられる語りを手掛かりに分析を進めていった。投書をみてみると，とりわけ親からのサポート資源の有無が大きな影響を及ぼしていることがわかった。金銭や時間や食事といった物的資源よりも親からのサポートという人的資源がないという語りが多く見出された。子どもの生活にとって，親に認めてもらうことや親に相談できることといった親からのサポートが有るか無いかは非常に重要であることがわかる。このような関係性の不足および生活

資源の不足から生きづらさが語られている投書がもっとも多く見出された。

また，投書のなかで，子どもたちの現在の心境がどのような言葉で語られているのか，どうしてそのような心境になっていったのか，子ども自身が自分の生活をどのように表現しているかを詳細に検討していく過程で，自分の生活が自分の望むような状態になく，しかもその充たされない状態が変わる見込みもない追い詰められたつらい心境が，「もう抱え込みきれない」「死にたい」「限界」などと表現されていることが明らかになった。まさに，このような心境こそ「生きづらさ」と名付けてよいのではないだろうか。

第5節　子どもの生活システムと「生きづらさ」の表象

1 「生きづらさ」の全体的な連関図

個人が経験する事柄は一人ひとり異なるものであるから，問題をひとくくりに論じることはできないが，子どもが問題化している投書から見出された事象は，その子どもにとって生活していくうえでは無視することのできない問題であり，子どもの生活課題達成にとって阻害要因となっている。したがって，子どもにとっては望むような生活ができていない非許容の状態にあるといえる。子どもたちはなんとかその状況を変えようと試行錯誤した結果，状況を変えるひとつの手段として投書行動に出ている姿が浮かび上がってきた。

今回，子どもにとって望んだような生活ができていないときに，さまざまな方法を用いて，状況を変える努力をしたり，考えたりしている様子がうかがえた。しかし，子どもにとって，これ以上自分ではどうしようもない状態にまで陥り，しかも，その状況を変えることができないまでに追い詰められたときこそが，子どもの「生きづらさ」の状況であるといえる。そこで，投書から得られた問題項目と生活システム変更条件の有無から，生活システムがどのような状態のときに「生きづらさ」となるのか図示したものが次ページの図5-9である。

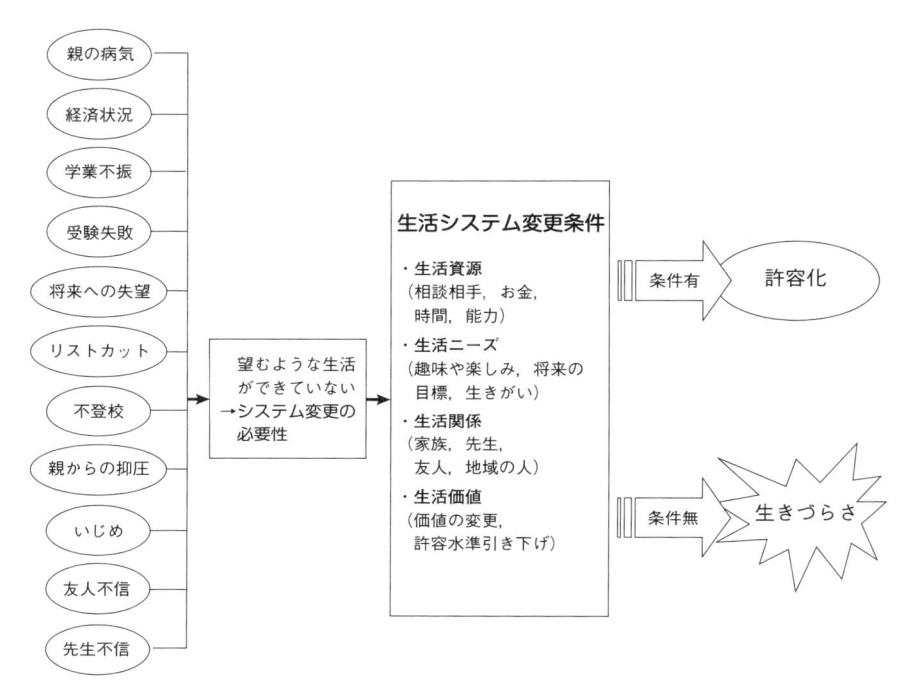

図5-9 生活システム変更の必要性と変更可能性と「生きづらさ」

2 投書分析から得られた知見

投書の分析によって得られた知見を示す。

知見① 子どもにとって，今の生活が許容できないと感じられる要因として，いじめによる友だちとの関係や親との関係など，人間関係上のトラブルが挙げられる。

たとえば，ほとんどの投書に家族内または家族外における生活関係の問題が語られていた。子どもが望んだような生活ができていると思えるかどうかにとって，他者との良好な人間関係の取り結びが非常に大きなウェイトを占めていることがうかがえる。

知見②　子どもが親との関係が良くないと感じているときに，生活を許容できないという気持ちに陥る傾向がみられる。

すなわち，家族とりわけ親との関係の良し悪しが，望むような生活ができているかいないかという自分の生活評価に大きく影響している状況が浮かび上がり，現代の子どもにとっては，親との良好な関係が築けているかどうかが生活評価にとって重要であるといえる。

知見③　先生との関係性については，語りのなかにあまり現れてこなかった。

先生に相談しないあるいは相談できないからこそ，子どもたちが，投書という行動に出ているのかもしれない。投書では，中学生にとって重要な他者が友人と親に限定されているケースが多くみられた。重要視されている人間関係のほとんどが友人と親という状況においては，これらの人々とのちょっとした関係性の破綻が，中学生の生活を脅かすことになるという危険性をともなっていることが指摘できる。

知見④　お金がない，自由な時間がないといった物的な資源の不足よりも，親からのサポートに代表される人的な資源があるかないかが，子どもの生活には重要である。

自分が親から認めてもらえないことや，親には相談できないといったような親のサポートが得られないことを問題視している語りが多かった。親からのサポートの欠如について，自分の努力ではどうすることもできないという失望につながっている様相が明らかになった。

知見⑤　夢や目標を持てないということが，子どもたちの悩みの一因となっている。

大人や社会が要求している役割期待を子どもは認知しており，勉強ができること，友だちともうまくやっていくこと，夢をもつことといった役割を受動的にこなす一方で，生活ニーズを能動的に設定することができずにいる様子がうかがえた。さらに，期待に応えようとする自分と思うようにならない自分との乖離から生じる葛藤状態が子どもを追い詰めているといえる。その場合，周りの期待に応えようとするあまり，周りの人に助けを求めることができず，孤立

感を強める結果をうみだしている。一見，表面的には健やかな日常生活を送っているようにみえる子どもが，実際は将来の夢や希望がもてないで苦悩し，追い詰められていることも考えなければならない。

　知見⑥　今回の事例の共通点は，子どもがいまの状況を変更させるための手段の一つとして投書行動に出た点にある。

　投書分析という手法は，投書という行動を起こせる子どもが対象になっており，投書内容の深刻さに限らず子どもが能動的に何らかの状況の改善を試みているゆえに，現状打破の可能性がある。投書行動自体がいまの状況を何とか変えたいという思いに裏打ちされていることから，投書行動に出られるということが一つの救いになっているのかもしれない。投書は，見知らぬ第三者への救いを求める行動でもあり，誰かから反応が返ってくることによって，救われた気持ちになれたり，自分の苦しみを誰かがわかってくれたりして，楽になれたりする。その点で投書行動は子どもの生活システムを変更しうる一つの対処方法といえる。

　知見⑦　子どもが状況変更の必要性を感じながらも，問題を解決するために必要な物的あるいは人的資源が得られず，自分のできる範囲のことはしつくし，これ以上どうしようもない状態に追い詰められるプロセスを大まかに4タイプに分けることができた。すなわち，A資源変更条件が整わないタイプ，B関係変更条件の整わないタイプ，C生活ニーズ条件の整わないタイプ，D価値変更条件の整わないタイプ，の4つである。

　しかし，それぞれの条件が単独で不足あるいは喪失することによって追い詰められるという単純なものではなく，さまざまな条件の不足や喪失が重層的に重なり合いながら，追い詰められていくものであることを指摘しておきたい。

　いずれにしても，追い詰められながらその状況をどうすることもできない子どもたちの多くが，生きづらさを抱え込んで生活していることを考えると，いまの子どもたちの生きづらさの知覚がどのようなメカニズムによって発生しているのかという構造の解明が急務であろう。

第6節　質的調査から量的調査へ—「生きづらさ」を測る標識の索出

　今回の投書分析を通じて，子どもが自分の生活実現を目指していくうえで，生活諸要素に何らかの問題が生じ，自分の望むような生活が実現できていないという認め難い状況が出現し，その状況を改善させるような打開策が見いだせない状態の心情が生きづらさとして語られていることが明らかになった。

　しかし，先にも指摘したように，「生きづらさ」についての明確な定義や概念規定がないこと，「生きづらさ」を測るような尺度がないことから，本研究において「生きづらさ」尺度の作成を試みることにした。そのために，投書のなかから，子どもがいまの状況を我慢できないところまで追い詰められ，助けを求めて発せられた言葉を拾い出すという作業を行った。もちろんその表現はさまざまではあるが，だいたいつぎのような言葉で表現されていることがわかった。

　「いまのつらい状況は自分が悪いからだ」「生きているのがつらい」「消えてしまいたい」「どこにも自分の居場所がない」「自分なんか生まれて来なければよかった」「毎日つらいことしかない」「プレッシャーに押しつぶされる」「人が自分をどう思っているのかいつも気になる」「自分のことを誰も認めてくれない」「これ以上もう頑張れない」「未来に希望がない」である。

　そこで，「生きづらさ」を測る標識として，「何かあるとすぐに自分が悪いんだと自分を責めてしまう」「『生きているのはつらい』とか『消えてしまいたい』とか思うことがある」「学校にも家の中にも，どこにも自分の居場所がないような気がする」「自分なんか，この世に生まれてこなければよかったと思う」「いまの生活はつらいことの方が多い」「いろんなプレッシャーに押しつぶされるような気持ちになる」「他の人が自分のことをどう思っているのか，いつも気になる」「ありのままの自分を，誰も認めてくれない」「これ以上何をがんばればいいのだ，と思うことがある」「将来に，まったく希望がもてない」を設定した。

第２部　子どもたちの「生きづらさ」にせまる—実証編—

　次章以降，生きづらさ尺度を作成することによって，実際に「生きづらさ」を測り，状況を変えうるような打開策やサポートの有無が「生きづらさ」に関連するという仮説を立てて，現代日本における子どもたちが，日々どのような生活を送り，自分の生活をどのように評価しているのか，そしてそのような生活に対する評価は「生きづらさ」とどう関わっているのかを量的調査により実証していく。

注

(1)　不登校児数，いじめ，自殺者数の推移については，第１章第１節「『子ども』をどうとらえるか」内に記載しているので参照のこと。現代若者の貧困や自殺や自傷といった「生きづらさ」については雨宮処凛の『生きさせろ！難民化する若者たち』（太田出版 2007），『全身当事者主義：死んでたまるか戦略会議』（春秋社 2008）などに詳しい。自尊感情の低さについては，2009年に発行された『日本の子どもの自尊感情はなぜ低いのか』で，児童精神科医がQOL調査から得られた調査結果や，現場での診療の経験から見出される現代の子どもの現況を報告している（古荘 2009）。そこにも，日本の子どもたちの主観的幸福感の低さが描き出されている。また，統計的には自尊感情については，世界的にみると日本の子どもたちの自尊感情が低いことも意識調査などから明らかにされている（日本青少年研究所　2002，2004）。

(2)　統計は警察庁生活安全局生活安全企画課「平成22年中におきた自殺の概要資料」（http：//www.npa.go.jp/safetylife/seianki_H20jisatsunogaiyou.pdf）から引用。なお，それ以降の子どもの自殺数について，内閣府共生社会政策統括官自殺対策HP（http://www8.cao.go.jp/jisatsutaisaku/toukei/index.html）の自殺統計を参考にすると，平成23（2011）年中の0〜19歳の自殺者数は622人，そのうち小学生が13人，中学生が71人，高校生が269人となっている。また，2011年10月11日大津市で中２の男子生徒が自殺。2012年7月に入り，この問題が大きく取り上げられるようになり，人々の関心を集めている。そして，8月14日常陸太田市で中２の男子生徒，8月21日摂津市で中３の女子生徒，8月22日高松市で中１の男子生徒の自殺が立て続けに報道されている。自死を選ばざるをえないまでに追いつめられている子どもたちのことを考えると，いまの子どもたちの生活の状況が必ずしも良好ではないことがうかがえる。

第5章　投書記事にあらわれる子どもの「生きづらさ」

(3) スレッドとは，コンピュータ用語で，電子掲示板やニュースグループ，メーリングリストにおいて，ある話題に関する複数の記事をまとめたものをいう。
(4) 中学生を「子ども」と表記することに一定の注釈をつけておく必要性がある。つまり「子ども」という表記そのものが，すでに大人に対置された社会化される対象というニュアンスを含有していることから，子どもと表記することは，子どもの自立という見方と相反しているのではないかという批判があることは承知している。しかしここでは，中学生という属性カテゴリーで表記するよりも，大人とは異なる一般的な意味においての「子ども」という表記を採用した。
(5) 対象資料概要

資料	朝日中学生ウイークリー
刊行状況	朝日学生新聞社 刊行開始1975年 週刊（日曜日発行）新聞
誌面構成	20頁　ニュース　受験・学習　書籍等紹介　中学生生活　月1回企画
投書状況	もぎたて倶楽部　2頁　（平均投書数8本～12本）
	いじめ伝言板　2頁　（平均投書数6本～9本）

☆もぎたて倶楽部：さまざまな悩みや自分の意見や同好の志の募集などの投書
☆いじめ伝言版　：いじめに関わる悩みについての投書，および，翌週以降それに応答する他の投稿者からの意見や励ましなどの投書
＊投書方法：手紙・はがき，FAX，E-mail
＊朝中なんでも相談室：毎月第1週掲載，相談投書に対して回答者が回答を寄せるコーナー
　　　　2006年度　青木和雄　（教育カウンセラー）
　　　　2007年度・2008年度　吉富多美　（作家）

〈投書記事出所一覧〉
a-1　2008.3.16　8面　（もぎたて倶楽部）「進路で生じる家族の負担に苦悩」
a-2　2008.1.13　6面　（いじめ伝言板）「病気の親のつらさを打ち明けたくない」
b-1　2007.9.30　7面　（いじめ伝言板）「いじめがやめられない‥誰か助けて」
b-2　2008.9.14　6面　（いじめ伝言板）「部活がつらくても話せずストレス」
c-1　2007.7.15　6面　（いじめ伝言板）「『世の中腐っている』この先どうしたら？」
c-2　2006.6.18　7面　（いじめ伝言板）「私は無感情なロボットがうらやましい」
d-1　2006.12.3　6面　（いじめ伝言板）「他人を殺さないために僕が‥」
d-2　2007.5.27　6面　（いじめ伝言板）「母の暴言や暴力で壊れてしまいそう」

(6) 一人称表記では「私」と「ぼく」が主流であった。しかし,「私」という表記が必ずしも女子を,「ぼく」が男子を表わしているとはいえないことから,ここでは性別の判断をしていない。それでもなお,あえて投書内容や一人称表記から判断すると約8割が女子による投書で,男子の投書数が少ないという特徴がみられ,投稿者に性別による偏りがあることは,分析上の限界であることを断っておきたい。

　今回残された課題のひとつとして,性別による特徴について言及できなかった点がある。投書内に自分の性別に言及しているものもあるが,ほとんどの投書において性別の記載がなかった。投書の語り口調や一人称表記による「ぼく」「私」で分けることも可能かと思われるが,自分の性に違和感を覚えあえて別の性の語り口や一人称表記をとっている投書もあることから,今回は性別に分けることをしなかった。しかし内容から判断すると留保付きながら圧倒的に女子の投書が多いことから,投書行動をとりにくい男子に着目する必要があると考えられる。他に救いを求めるという行動には性による違いがみられることから,「生きづらさ」を分析するときにはジェンダーの視点を入れる必要があると考えられる。

引用文献

土井隆義,2008,『友だち地獄:「空気を読む」世代のサバイバル』筑摩書房。
神原文子,2000,『教育と家族の不平等問題』恒星社厚生閣。
日本青少年研究所,2002,『中学生の生活意識に関する調査』。
日本青少年研究所,2004,『高校生の生活意識に関する調査』。
見田宗介,1964,「現代における不幸の諸類型:疎外〈日常性〉の底にあるもの」北川隆吉編『現代社会学講座Ⅵ』有斐閣,21-72。
元森絵里子,2005,「現代日本における『子ども』の揺らぎ:中学生新聞投書欄から分析する子どもから見た『子ども』」日本教育社会学会『教育社会学研究』第76集,149-168。
野田潤,2006,「『夫婦の不仲は親子の不仲』か:近代家族の情緒的関係についての語りの変容」日本家族社会学会『家族社会学研究』第18巻第1号,17-26。

第6章

子どもの生活実態
——中学生調査の結果から

第1節　調査の概要

1　調査の目的

　実証研究の目的は，子どもの自分の生活に対する生活評価を踏まえて，「子どもが許容できる程度にまで生活課題が充足されるように，生活諸条件を変更できるかどうかが，子どもの『生きづらさ』に関連する」という仮説を検証することにある。本調査の分析課題は以下のとおりである。

　①個々の子どもにとっていまの生活が許容できる状況にあるのか，それとも許容しがたい状態にあるのか，子どもの生活の様子を明らかにする。

　②「生きづらさ」を表現している標識をもとに「生きづらさ」を測る指標を検討し，「生きづらさ」尺度の作成を試みる。

　③子どもが自分の生活の状態に対して許容できないとき，その状況を打開するような対処方法として，生活システムの変更可能性がどこかにあれば，子どもが感じる生きづらさの程度は下げられることが予想される。逆に，状況を改善しうるような方策が尽きたとき，子どもは「生きづらさ」を強く感じるものと推測される。そこで，状況を打開するような策として，どのような対処方法が有効であるかを検討する。

　④状況を打開するような対処方法をもっている子どもと，もっていない子どもでは，「生きづらさ」を感じる程度に違いがあるものと推測できる。そこで

変更可能性の条件の有無と「生きづらさ」の程度との関連を検討し，変更可能性の条件がある子どもほど「生きづらさ」を感じていないという仮説を実証する。

⑤子どもは，家族や学校集団に所属したり，友だちとの関係性をとり結んだりしながら，生活システムを組み立てている。たとえば，家族との関係において問題が起こっても，家族以外の所属集団において何らかの打開策が準備できれば，状況は改善すると考えられる。そこで，子どもが所属している集団における変更可能条件の有無と「生きづらさ」の感じ方との関連を明らかにする。

これらの分析課題から，つぎの仮説を設定する。

仮説①　ある生活課題について子どもの評価が低いとき，子どもの使用しうる打開策など変更可能条件の有無が「生きづらさ」に影響し，何らかの変更可能条件があるほど，「生きづらさ」は低く，条件がない子どもほど「生きづらさ」の程度は高まる。

仮説②　子どもの所属しているあるひとつの集団システムにおいて，生活課題の充足が許容できていなくとも，別の所属集団において何らかの打開策やサポートがあれば子どもの生活システム全体における「生きづらさ」を感じる度合いは低い。

以上の仮説を検証するために，本研究では中学生を対象に，調査項目として中学生の日常生活の様子に関わる項目，生活の様子に対する意識に関わる項目，生活変更の条件に関わる項目，「生きづらさ」に関わる項目を設定し，アンケート調査を実施した。

2　調査の概要と調査対象者

これまでの親子関係調査においては，育児不安研究の隆盛と関連して，しつけられる対象としての幼児期や子ども期に焦点があてられていた。しかしここでは，子どもを生活主体と位置付け，子どもはどのように生活システムを組み立てているのかという視点から子どもの実態をとらえる。中学生の時期は親や家族からの自立が重要な発達課題となる思春期の時期に相当することと，家庭のなかで育てられる時期を超えて，自分の生活世界を構築し始める時期でもあ

第 6 章　子どもの生活実態——中学生調査の結果から

ることから，中学生を調査対象に設定した。

　今回，岡山市内の中学生を対象に調査を実施した。調査時点の 2009 年度において，岡山市内には県立中学校 1 校，市立中学校 37 校，私立中学校 4 校，計 42 校の中学校があった。2008 年岡山市は政令指定都市に指定され，北区，南区，東区，中区の 4 区に分けられた。今回，それぞれの地域特徴を勘案しながら調査対象中学校を選定した。しかし，当該区の学校に依頼したところ，家族やいじめに関わるような項目を尋ねる調査は，保護者の理解が得られないことや，学生指導に影響が出る可能性があることなどから断られることが多く，調査の実施にあたってはかなりの困難に直面することになった。

　また，協力をお願いできた中学校においても，学年団の教員の意向によって，調査項目を削除された形で調査が実施されてしまった実態があったことを付記しておきたい。「いま，問題を抱えている子どもがいるので，この一人のために家族項目を全部削除させてもらった」という校長先生の説明をいただきながら，いまの中学校という現場で，先生方が，問題を抱えた子どもたちと日々向き合っておられる様子をうかがい知ることができた。

　岡山市には 2009 年度において約 18,000 人の中学生がいたが，今回の調査協力に応じていただいた 3 校の全校生徒約 1,400 人を対象に調査を実施した。調査状況は以下のとおりである。

調査時期　2009 年 7 月〜9 月
調査対象　岡山市　北区・南区・東区の中規模校の中学校 3 校の全校生徒
　　　　　1,345 名
調査方法　配票留め置き法
回収状況　配票数 1,345 票　無効票 11 票　有効回答票率 99.18％

　ただし，学校あるいは学年によって，家族項目を削除して実施したところがあり，今回の分析に使用するデータは，家族に関する項目に回答している 938 票である。

第 2 部　子どもたちの「生きづらさ」にせまる―実証編―

3 調査対象者の基本的属性

　学校あるいは学年によって家族に関する項目が削除された関係上 1,345 票のうち，今回の分析に使用したのは 938 票であり，学年別の人数は，1 年生 304 名（32.4％），2 年生 298 名（31.8％），3 年生 336 名（35.8％）で学年による顕著な偏りはみられなかった。

　性別は，男子 466 名（49.7％），女子 462 名（49.3％），不明 10 名（1.1％）と，男女約半々である。

　家族形態については，核家族 393 名（41.9％），ひとり親核家族 30 名（3.2％），拡大家族 425 名（45.3％），ひとり親拡大家族 53 名（5.7％），その他 10 名（1.1％），不明 27 名（2.9％）であった。

　今回，調査にあたって，親の就業状況や職業，家庭の暮らし向きについての項目も準備していたが，学校によっては，家族に関わる項目すべてを削除されたり，親の就業形態，家庭の暮らし向きといった経済状況の質問項目を削除されたために，調査対象者の親の就業状況や家庭の暮らし向きについては聞くことができなかった。

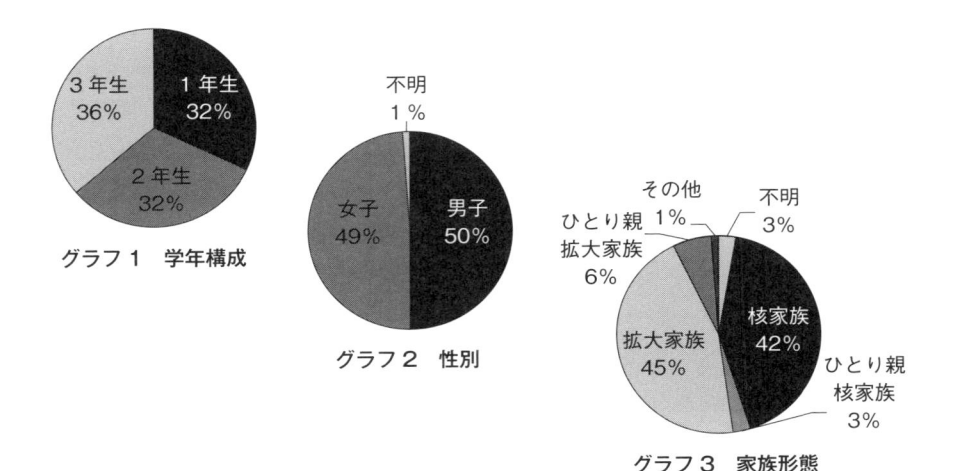

グラフ 1　学年構成

グラフ 2　性別

グラフ 3　家族形態

図 6-1　調査対象者の基本属性

第6章　子どもの生活実態──中学生調査の結果から

第2節　子どもの日常生活の様子と生活満足度の質問項目

1 「日常生活の様子」に関する質問項目

　まず，子どもたちがどのような生活を送っているのか，日常生活の様子を把握し，子どもの生活諸領域それぞれに対する評価を測る。さらに，日常生活の様子は，その日常生活の様子に対する子どもの評価にどのように影響しているのかを検証する。具体的には，「毎日の生活が充実している」といった生活の充実度や家庭生活や友人関係，学校生活それぞれの満足度を尋ねる質問項目を設定した。

　子どもはさまざまな集団に所属し，それぞれの生活の場での活動を行いながら，生活の各分野を統合させながら自分の生活システムを組み立てている。

　中学生の子どもが所属する集団には，家族や学校，塾や習い事の場，地域社会などがあるが，中学生の生活の場として重要な準拠集団や所属集団としては家族，学校，友人（朋友関係）が考えられることから，今回は子どもの生活のサブシステムとしてこれらの三種を取り上げることにした。

　第2章でみてきたように，これまでの先行調査から，学校の授業の理解度，友人との関係，両親の仲や家族との共有行動などが，子どもの生活評価と関連していることがわかっている。この他に，親からの「暴言」や「暴力」など嫌がらせ行為や，自傷行為といった点についても目配りが必要である。そこで以下の内容を取り入れることにした。

　まず，日常の様子については，「毎朝朝食を食べている」「毎日時間を決めて勉強している」「自分で自分のからだを傷つけるようなことをしている」を設定した。つぎに，学校での生活の様子については，学校での勉強の理解度を尋ねる「学校の勉強は良くわかる」，友だちとの関係を尋ねる「友だちから嫌われないように気をつかっている」「友だちから悪口を言われる」「友だちから無視される」「友だちから暴力をふるわれる」という項目を設定した。また，家庭での生活の様子については，家族との関係を尋ねる「家族で遊びや旅行に出

かける」「両親は仲がいい」「親から嫌なことをされる」等である。

2 「日常生活の様子に対する評価」に関する質問項目

つぎに，日常生活の様子に対する評価を測るために，「充実した毎日が送れていると思うかどうか」を尋ねることにした。さらに，家族，学校，友人等それぞれの所属集団での生活の満足度を測るために，「学校で楽しく過ごせていると思えるかどうか」「学校を休みたいと思うことがあるかどうか」「友だちとの関係はうまくいっていると思えるかどうか」「親から自分は大切にされていると思えるかどうか」「家族と一緒にいて安らげていると思えるかどうか」といった側面に着目することにした。

生活全般の評価を尋ねる項目としては，「毎日の生活が充実している」という質問項目を準備した。家庭生活満足度として「家族といるとほっとする」「親に大切に育ててもらっている」の2項目で測ることにした。学校生活満足度は「学校は楽しい」「学校に行きたくなくて休みたいと思う」の2項目を設定した。友だち関係満足度について，「自分は友だちに好かれていると思う」という1質問項目を用いて評価を測ることにした。

第3節　子どもの「日常生活の様子」

1 日常生活の様子に関する単純集計結果

子どもがどのような日常を送っているか，上記に挙げた項目に対して，それぞれ「とてもあてはまる」「だいたいあてはまる」「あまりあてはまらない」「まったくあてはまらない」の4件法でもっともあてはまるもの一つを選んでもらった。結果を示したものが表6-1である。

①朝食習慣

「毎朝朝食を食べている」かどうかについては，「とてもあてはまる」が720人（76.8％）ともっとも多く，「だいたいあてはまる」が151人（16.1％）で，9割以上の子どもが，毎朝朝食を食べているという結果となった。「まったくあ

第6章　子どもの生活実態——中学生調査の結果から

表6-1　日常生活の様子（単純集計）

	とても あてはまる	だいたい あてはまる	あまり あてはまらない	まったく あてはまらない	合　計
朝食習慣	720（76.8%）	151（16.1%）	50（5.3%）	16（1.7%）	937（100%）
勉強習慣	54（5.8%）	200（21.4%）	436（46.6%）	246（26.3%）	936（100%）
自傷行為	17（1.8%）	41（4.5%）	119（12.9%）	744（80.8%）	921（100%）
勉強理解	103（11.1%）	410（44.3%）	293（31.7%）	119（12.9%）	925（100%）
友気遣い	181（19.8%）	419（44.9%）	239（26.1%）	84（9.2%）	914（100%）
悪口	64（6.9%）	188（20.4%）	317（34.4%）	353（38.3%）	922（100%）
無視	30（3.2%）	85（9.2%）	337（36.4%）	473（51.1%）	925（100%）
暴力	37（4.0%）	85（9.2%）	259（28.1%）	541（58.7%）	922（100%）
家族旅行	217（23.5%）	278（30.1%）	321（34.7%）	108（11.7%）	924（100%）
父母仲	306（36.9%）	339（40.8%）	132（15.9%）	53（6.4%）	830（100%）
親嫌がらせ	55（5.9%）	115（12.4%）	332（35.9%）	424（45.8%）	926（100%）

てはまらない」と回答した子どもは16人（1.7%）と少数であった。

　朝食摂取状況について，神原文子らによる『教育期の子育てと親子関係』における「名古屋調査」（1995）では84.8%が朝食を食べており，藤田英典らが行った『子どもの生活世界』調査（1996）では，朝食習慣について「ほとんど毎日」が79.7%，「だいたい毎日」が10.1%で，両方を合わせると約9割が朝食を食べていた。内閣府が実施した『低年齢少年の生活と意識に関する調査』（2007）でも，朝食について「ほとんど毎日」食べている子どもが82.6%で，今回の調査結果とほぼ同水準である。ほとんどの子どもが毎日朝食を食べるという習慣があるようだ。

②勉強習慣

　「毎日勉強する時間を決めて勉強している」かどうかについては，「とてもあてはまる」が54人（5.8%），「だいたいあてはまる」が200人（21.4%）で，7割以上が「あまりあてはまらない」「まったくあてはまらない」と回答していた。

③自傷行為の経験

「つらくなって自分の体を傷つけるようなことをする」かどうかについては，「よくある」が17人（1.8%），「たまにある」が41人（4.5%）と少数ではあるものの，15人にひとりの割合で自傷行為の経験があるという結果となった。

④勉強の理解

「学校の勉強は良くわかる」かどうかについては，「とてもあてはまる」が103人（11.1%），「だいたいあてはまる」が410人（44.3%），「あまりあてはまらなない」が293人（31.7%），「まったくあてはまらない」が119人（12.9%）と，勉強がわかると回答した子どもと分からないと回答した子どもの割合は約半々という結果であった。

『低年齢少年の生活と意識に関する調査』（2007）の結果では，「学校の授業がよくわかっている」という問いに対して，「あてはまる」が26.7%，「まああてはまる」が52.1%で，理解していると回答した割合が約8割であった。神原らの「名古屋調査」では，学校の勉強は「よくわかる」と回答した割合が42.6%，「どちらともいえない」が46.4%，「いいえ」が11.0%であった。今回の調査では「とてもあてはまる」と答えた回答が11.1%と低く，「だいたい」「あまり」といったあいまいな回答が多いという特徴がみられる。

⑤交友関係

「友だちに嫌われないように気をつかっている」かどうかについては，「とてもあてはまる」が181人（19.8%），「だいたいあてはまる」が419人（44.9%）で，6割強が友だちに気を遣っていると回答していた。

「友だちから『死ね』とか『キモい』など嫌なことをいわれる」かどうかについては，「よくある」が64人（6.9%），「たまにある」が188人（20.4%）と，3割弱が嫌なことをいわれる経験があると回答している。

「友だちから無視される」かどうかについては，「よくある」が30人（3.2%），「たまにある」が85人（9.2%）と1割強が友だちから無視される経験をしていると回答していた。

「他の人から殴られたり，物をとられたり嫌なことをされる」かどうかにつ

いては,「よくある」が37人(4.0％),「たまにある」が85人(9.2％)と1割強が,他の人から嫌なことをされる経験があると回答している。

『低年齢少年の生活と意識に関する調査』(2007)では,友だちからいじめられるような経験があるかどうかを尋ねた質問に対して,「よくある」が,1.2％,「たまにある」が3.6％で,中学生の4.7％がいじめられていると回答しており,残りの95.3％はいじめられていないと回答していた。今回の調査では,「いじめ」という用語を用いていないことから,単純な比較はできないものの,子どもの生活上で嫌なことをされたり,言われたりする経験が無視できない程度に多いことがうかがえる。

⑥家庭の様子

「家族で旅行や遊びに良く出かける」かどうかについては,「とてもあてはまる」が217人(23.5％),「だいたいあてはまる」が278人(30.1％)で,家族と旅行や遊びの経験があると回答した者の割合とないと回答した者の割合はほぼ半数という結果であった。

「お父さんとお母さんは仲がいい」かどうかについては,「とてもあてはまる」が306人(36.9％),「だいたいあてはまる」が339人(40.8％)で,8割弱が両親の仲が良いと回答していた。

『低年齢少年の生活意識に関する調査』(2007)では,「お父さんとお母さんはひどい喧嘩をする」という問いが設定されており,「あまりあてはまらない」17.6％,「あてはまらない」69.9％で,喧嘩をしないという評価が87.5％であった。仲の良さと喧嘩では単純な比較はできないものの,おおむね両親の仲が安定しているという評価の程度は同じ水準であったとみることができる。

「親から傷つくことを言われたりされたりする」かどうかについては,「とてもあてはまる」が55人(5.9％),「だいたいあてはまる」が115人(12.4％)と2割弱が,親から傷つくようなことをされる経験があると回答していた。

2 「日常生活の様子」に関する質問項目間の相関

子どもの日常生活の様子について,各項目間の相関をみたものが表6-2である。

表 6-2　日常生活の様子に関する項目の相関係数

	朝食習慣	勉強習慣	勉強理解	自傷行為	友気遣い	悪口	無視	暴力	家族旅行	父母仲
勉強習慣	.204 ***									
勉強理解	.191 ***	.305 ***								
自傷行為	−.055	.025	−.149 ***							
友気遣い	.065 *	0.95 **	.181 ***	.086 *						
悪口	−.074	−.008	−.037	.373 ***	.069 *					
無視	−.011	.005	−.113 **	.443 ***	.081 *	.573 ***				
暴力	−.111 **	.017	−.036	.396 ***	.026	.590 ***	.527 ***			
家族旅行	.122 ***	.118 ***	.232 ***	−.066 *	.020	−.051	−.093 *	−.053		
父母仲	.149 ***	.129 ***	.281 ***	−.192 **	.092	−.144 ***	−.174 ***	−.133 ***	.322 ***	
親嫌がらせ	−.082 *	−.018	−.141 ***	.219	.058	.195	.170	.184	−.080 *	−.254 ***

*p＜.05, **p＜.01, ***p＜.001

　毎朝朝食を食べるといった朝食習慣と，毎日勉強する時間を決めて勉強するといった勉強習慣との間に弱い相関がみられた。さらに，朝食習慣と学校の勉強が理解できることの間に，また時間を決めて勉強していることと，学校の勉強が理解できるかどうかとの間にも関連がみられた。

　朝食を食べるといった習慣と勉強する時間を決めて勉強する習慣があるかどうかは，基本的な生活習慣として関わりあっていること，基本的な生活習慣がついている子どもほど学校の勉強が理解できていると感じられる様子がうかがえる。

　朝食習慣と，「家族と一緒に遊んだり旅行に行ったりする」「父母は仲が良い」との間にも弱い関連が認められた。

第 6 章　子どもの生活実態——中学生調査の結果から

　自分の体を傷つけるようなことをするかどうかといった自傷行為と，友だちから無視されたり，悪口を言われたり，暴力を振るわれたりするかどうかとの間に高い相関がみられた。子どもの自傷行為は交友関係が大きく影響しているようだ。
　また，父母の仲が良いことや家族と一緒に遊んだり旅行に行ったりするかどうか，親から嫌なことを言われたりされたりすることとの間にも相関がみられた。
　自傷行為は，友だちとの交友関係だけではなく，親から嫌なことを言われたりされたりしていることとも関連しており，親との関係や両親の仲などが，子どもの生活にとって重要であることが示唆された。
　学校の勉強が理解できるかどうかは，父母の仲が良いことや家族で遊んだり旅行に行ったりする経験があるかどうかと関わっており，家庭生活の雰囲気が勉強の理解度にも影響しているといえる。一方，勉強の理解度と友だちに嫌われないように気を遣っているかどうかとの間にも相関がみられることから，学校の勉強が理解できると感じながらも，友だちに嫌われないように気を遣っている様子がうかがえる。
　友だちとの関係では，悪口や暴力，無視などのいじめに当たるような行為を受けている割合は，悪口で約 3 割，無視や暴力は約 1 割という結果となり，子どもの交友関係上にいじめが珍しいことではない様子がうかがえる。悪口，無視，暴力間の相関をみたところ，悪口と無視との間に 0.573***，悪口と暴力の間に 0.590***，無視と暴力の間に 0.527*** と，いずれも高い相関がみられた。つまり，「死ね」とか「キモい」など嫌なこと言われている子どもは，それだけでなく，無視されたり，暴力をふるわれたりといった行為も同時に受けていることが予想される。
　なお，「友だちから『死ね』とか『キモい』など嫌なことを言われる」という「悪口」，「友だちから無視される」という「無視」，「他の人から殴られたり物をとられたり嫌なことをされる」という「暴力」の項目について主因子法による因子分析を行ったところ，表 6-3 に示すように 1 因子構造が確認された。この 3 項目の信頼性係数を求めたところ，$\alpha = .792$ と，0.7 以上の数値を得た

表 6-3　嫌がらせの体験に関する項目の因子分析結果

	I
友だちから「死ね」とか「キモい」など嫌なことを言われる（悪口）	0.859
友だちから無視される（無視）	0.829
他の人から殴られたり物を取られたり、嫌なことをされる（暴力）	0.838
累積寄与率	70.88%
信頼性係数	α = .792

ので加算尺度として使用することにし，回答者の評定値を加算し合計得点を算出し，「嫌がらせ体験」変数とした。

　友だちから悪口や無視や暴力などの行為を受けているかどうかという「嫌がらせ体験」と，親から嫌なことを言われたりされたりしているかどうかとの間にも 0.213***と弱い相関がみられ，友だちから嫌がらせを受けている子どものなかには，親からも嫌がらせを受けているものもいるといった状況を見出すことができた。神原の「高校生の対人関係被害」調査（2006）では，高校生で身体的暴力を被る場合は言葉の暴力も被る可能性が高いこと，父親から暴行を受ける場合は母親からも暴行を受ける可能性が高いことなどが示されている（神原 2006）。今回の調査でも，友だちから身体的暴力や言葉での暴力を受けている場合，親からの嫌がらせも受けている可能性が高いことが示唆された。

3 「日常生活の様子」の小括

　全体的な傾向をみてみると，ほとんどの子どもが毎朝朝食を食べており，朝食習慣が身についている様子であった。しかし勉強習慣については，決まった時間勉強するという子どもが少なく，時間を決めて勉強するというような勉強の習慣が確立していない状況がうかがえる。

　学校の勉強がわかる子どもとわからない子どもの割合はおよそ半々であった。学校での成績について「上のほう」か「下のほう」かについて，5 件法で尋ねた。学校の成績の自己認知と勉強の理解度との相関係数を求めたところ，

第6章 子どもの生活実態——中学生調査の結果から

相関係数が0.434***と高い相関がみられた。また，時間を決めて勉強していることと学校成績との相関をみたところ0.305***と比較的高い相関がみられた。したがって，時間を決めて勉強する勉強の習慣と学校勉強がわかるかどうかという理解度は関連しており，また時間を決めて勉強することと学校での成績も関連している。

自分の体を傷つけるようなことをしていると回答した子どもは，58人（6.3％）と少数ながらもいることがわかった。気持ちを安定させるために自傷行為をする場合や，誰かに気付いてほしくて自傷行為を行っている場合，死にたくないからその代償として自傷行為を行っている場合など，その理由はさまざまであることから，これらの子どもたちがどのような思いで自傷行為を行っているのか，さらに詳細な検討が必要である。

交友関係については，「友だちに気を遣う」ことが最近の子どもの特徴と指摘されることも多いが[1]，今回の調査においても，友だちに嫌われないよう気を遣っている子どもが6割と半数以上おり，子どもたちが友だちに気を遣いながら生活している様子が浮き彫りになった。

家庭での生活の様子については，両親の仲を良好ととらえている子どもが多く，家族で旅行や遊びに出かけるかどうかとの間に相関がみられた。親から傷つくことを言われたりされたりすることを経験している子どもは約2割であった。

第4節 「日常生活の様子に対する評価」の結果

1 「日常生活の様子に対する評価」の単純集計結果

日常生活の様子に対する評価項目についての単純集計結果を表6-4に示す。
①生活全般に対する充実度

トータルな生活充実度を尋ねた「毎日の生活が充実している」かどうかについては，「とてもあてはまる」が267人（28.8％），「だいたいあてはまる」が523人（56.5％）と，8割以上の子どもが自分の生活が充実していると回答している。

表 6-4　生活諸領域の生活満足度

生活諸領域の項目	とても あてはまる	だいたい あてはまる	あまり あてはまら ない	まったく あてはまら ない	合計
毎日の生活が充実している	267 (28.8%)	523 (56.5%)	108 (11.7%)	28 (3.0%)	926 (100%)
親に大切に育ててもらっている	476 (51.4%)	360 (38.9%)	74 (8.0%)	16 (1.7%)	926 (100%)
家族といるとほっとする	356 (38.4%)	323 (34.9%)	189 (20.4%)	58 (6.3%)	926 (100%)
学校生活はとても楽しい	418 (44.8%)	399 (42.8%)	82 (8.8%)	34 (3.6%)	933 (100%)
学校に行きたくなくて休みたい	99 (10.7%)	162 (17.6%)	211 (22.9%)	451 (48.9%)	923 (100%)
自分は同級生に好かれている	65 (7.5%)	480 (55.0%)	259 (29.7%)	68 (7.8%)	872 (100%)

②育てられ方に対する満足度

「親に大切に育ててもらっていると思う」かどうかについては,「とてもあてはまる」が476人（51.4%）ともっとも多く,「だいたいあてはまる」が360人（38.9%）とあわせると90.2%で,約9割の子どもが親に大切に育ててもらっていると回答している。

③家庭での居心地の良さに対する満足度

「家族といるとほっとする」かどうかについては,「とてもあてはまる」が356人（38.4%）,「だいたいあてはまる」が323人（34.9%）で,肯定的な評価を合わせると73.3%と約7割強の子どもが家族といるとほっとすると回答している。

④学校生活に対する満足度

「学校生活はとても楽しい」かどうかについては,「とてもあてはまる」が418人（44.8%）,「だいたいあてはまる」が399人（42.8%）と,9割弱の子どもが学校生活は楽しいと回答している。

『低年齢の生活と意識に関する調査』（2007年）では,「学校での生活が楽し

い」かどうかについて「楽しい」が68.7％,「まあ楽しい」が25.7％で,94.4％が楽しいと回答している。この調査と比べると,今回の調査対象者は,学校が楽しいという積極的肯定の割合が比較的低いという特徴がみられる。

⑤学校に対する回避的感情

「学校に行きたくなくて学校を休みたいと思うことがある」かどうかについては,「とてもあてはまる」が99人（10.7％）,「だいたいあてはまる」が162人（17.6％）で,3割弱が学校を休みたいと思うと回答している。

藤田英典らの「子どもの生活世界」調査によれば,「学校に行きたくないと思う」者は5割であった（藤田 1996）。森田洋司の「不登校」調査（1997）によれば,「学校に行くのが嫌になったことがあるか」という問いに対して,「よくある」「ときどきある」「たまにある」を「登校回避感情」とし,その割合が70.8％であると指摘している（森田 1997）。神原らの「名古屋調査」では,学校を休みたいと思うことが「ある」と答えた子どもの割合が34.7％,「どちらともいえない」が15.1％,「いいえ」が50.2％となっている（神原 2000）。回答方法が異なるため,単純な比較はできないが,今回の調査では,「とてもあてはまる」「だいたいあてはまる」「あまりあてはまらない」をあわせても51.1％と,先行調査に比べて学校に行きたくないと感じている子どもの割合が低いという結果となった。とはいうものの,3割の子どもは「学校に行きたくなくて休みたい」と感じている。

⑥交友関係に対する満足度

「自分は同級生に好かれていると思う」かどうかについては,「とてもあてはまる」が65人（7.5％）,「だいたいあてはまる」が480人（55.0％）で,6割が同級生に好かれていると回答している。逆に,「あまりあてはまらない」259人（29.7％）,「まったくあてはまらない」が68人（7.8％）となっている。友だちに好かれていると思うかどうかについては,「だいたい」「あまり」といったあいまいな回答が多いという特徴がみられる。

2 「日常生活の様子に対する評価」に関する小括

生活全体の充実度については,「とても充実している」という強い積極的な肯定よりも,「だいたいあてはまる」といった弱い肯定的評価の回答の割合が高かった。

親からの育てられ方に対して「自分は親から大切に育ててもらっている」と思うかどうかについては,「とてもあてはまる」と回答した子どもが多く,ほとんどの子どもが,自分は大切に育てられていると思っていることがわかった。しかし,家族といるとほっとするという居心地の良さについては,「だいたいあてはまる」といった弱い肯定的評価の回答の割合が高かった。

学校生活が楽しいかどうかについては9割が楽しいと回答しているが,一方で学校を休みたいと回答した者の割合は3割であった。

交友関係については,自分が同級生から好かれているかどうかに対する評価は,強い肯定ではなく,「だいたいあてはまる」といった弱い肯定であるという傾向がみられた。他の項目に比べて否定的な回答の割合が高く,自信をもって自分は好かれていると肯定することができない状況がうかがえる。

親からの育てられ方に対しては満足度が高いが,それ以外の項目については,肯定的ではあっても「だいたい」といった消極的な評価の回答の割合が高いという傾向がみられた。

第5節　「日常生活の様子」と「日常生活の様子に対する評価」との関連

1 「日常生活の様子」と「日常生活の様子に対する評価」との関わり

子どもの日常の生活の様子がその様子に対する評価にどのように影響しているか,相互の関連を検証する。

子どもの日常生活の様子については,「朝食習慣」「勉強習慣」「自傷行為」「勉強理解」「友気遣い」「嫌がらせ体験」「家族旅行」「父母仲」「親嫌がらせ」の各変数を使用する。

第4節で,日常生活の様子に対するそれぞれの評価を測定したが,家庭生活

表 6-5　家庭生活の満足度に関する項目の因子分析結果

家庭生活満足度	I
親から大切に育ててもらっている	.878
家族といるとほっとする	.878
累積寄与率	77.68%
信頼性係数	$\alpha = .688$

における生活満足度を測る項目について，主因子法による因子分析を行ったところ，「親から大切に育てられている」「家族といるとほっとする」という2項目について，表6-5に示すように1因子構造が確認された。この2項目の信頼性係数を求めたところ，$\alpha = .688$ と，0.7には若干満たないが許容水準とみなし，加算尺度として使用することにした。2項目の回答者の評定値を加算し合計得点を算出し，「家庭生活満足度」とした。

なお，学校生活について尋ねた「学校生活は楽しい」と「学校に行きたくなくて休みたいと思う」という項目について，$-.441^{***}$ と相関は高いものの，別の側面を表していると考えられるため，それぞれ「学校生活満足度」と「学校回避度」として取り扱うことにした。

表 6-6　「日常生活の様子」と「日常生活の様子に対する評価」との相関係数

	生活充実度	家庭生活満足度	朋友関係満足度	学校生活満足度	学校回避度
朝食習慣	.172***	.228***	.105**	.186***	-.158***
勉強習慣	.210***	.182***	.131***	.099**	-.127***
自傷行為	-.255***	-.193***	-.191***	-.202***	.410***
勉強理解	.353***	.346***	.218***	.283***	-.246***
友気遣い	.019	.062	.083*	.074*	.047
嫌がらせ体験	-.244***	-.190***	-.230***	-.242***	.404***
家族旅行	.211***	.362***	.050	.158***	-.087**
父母仲	.265***	.450***	.182***	.177***	-.144***
親嫌がらせ	-.213***	-.284***	-.028	-.171***	.222***

* $p<.05$ ** $p<.01$ *** $p<.001$

したがって，子どもの生活の様子に対する評価については，「生活充実度」「家庭生活満足度」「朋友関係満足度」「学校生活満足度」「学校回避度」の5変数を使用することにした。

　日常の生活の様子と，日常生活の様子に対する評価との相関を表したものが表6-6である。

　日頃の生活の様子に関する項目と，日常生活の様子に対する評価との間には，ほとんどの項目間に相関がみられた。以下順に項目ごとの特徴をまとめておく。

①朝食習慣

　「毎朝朝食を食べている」かどうかという朝食習慣と，すべての生活満足度の質問項目との間に相関がみられた。神原らの「名古屋調査」では，「毎朝朝食をきちんと食べる」ように規則だった生活と，目標達成力，リーダーシップ力，資源処理力といった自立力との間に関連があった（神原 2000：240）。子どもの生活における朝食習慣の重要性が指摘されているが，今回の調査からも同様に，朝食習慣と，「毎日の生活が充実している」という生活充実度や，学校生活満足度，学校回避度および，「家族といるとほっとできる」「大切に育ててもらっている」といった家庭生活満足度との間に関連が認められた。

②勉強習慣

　「毎日，勉強する時間を決めて勉強しているかどうか」という勉強習慣についても，朝食習慣同様，すべての生活評価項目との間に相関がみられた。朝食習慣や勉強習慣など基本的な生活習慣の確立は，自分の生活に対する全体的評価と関わっていることが明らかになった。

③自傷行為

　「つらくなって自分の体を傷つけるようなことがある」かどうかという自傷行為を尋ねた質問項目について，すべての生活評価項目との間に相関がみられた。とくに，「学校を休みたいと思うことがある」という学校回避度との間に .410*** と高い相関がみられた。

④勉強理解

　学校の勉強はよくわかるかどうかと，すべての生活評価項目との間に中程度の相関がみられた。中学生にとって「勉強がわかる」かどうかが，子どもの生活に対する評価に大きな影響を及ぼしていることが推察される[2]。

　なかでも，勉強理解度と生活充実度との間には .353***と，比較的強い関連がみられ，学校の勉強がわかる子どもほど，毎日の生活が充実していると回答する割合が高いという結果を得た。また，家族生活満足度との間にも .346***と，比較的強い相関がみられ，学校の勉強がわかる子どもほど，家庭生活に満足しているという結果であった。

　学校の勉強がよくわかるかどうかということは，学校を楽しいと思えたり，毎日の生活が充実していると思えるだけでなく，親からも大切に育てられているという評価や家族といるとほっとするといった家庭生活への満足度にも関連していることが明らかになった。

⑤友だちへの気遣い

　「友だちに嫌われないように気をつかっている」かどうかという項目については，朋友関係満足度と学校生活満足度との間にきわめて弱い相関がみられたぐらいで，他の項目との間に相関はみられなかった。

　表6-7のクロス集計結果に示したように，「友だちに嫌われないように気をつかっている」かどうかと学校生活満足度について，統計的に有意な関連があることがわかった。結果をみると，友だちに気を遣いながら学校生活を楽しんでいる子どもと，友だちに気を遣うことなく学校生活を楽しんでいる子どもという二極化が浮かび上がってきた。

　つぎに，「友だちに嫌われないように気をつかっている」かどうかと「自分は同級生から好かれていると思う」かどうかとの関連をみたところ，表6-8のクロス集計結果から2変数の間に，統計的に有意な関連が認められた。

　「友だちに気を遣いながら，友だちに好かれている」と感じている子どもと，「友だちに気を遣うことなく友だちに好かれている」と感じている子どもという2つのタイプが存在していることが推察される。

第 2 部　子どもたちの「生きづらさ」にせまる―実証編―

表 6-7 「友だちに嫌われないように気をつかう」と「学校生活満足度」クロス集計結果

〔（ ）は%〕

		学校生活は楽しい				合計
		とてもあてはまる	だいたいあてはまる	あまりあてはまらない	まったくあてはまらない	
友だちに嫌われないように気をつかっている	とてもあてはまる	98 (54.1)	62 (34.3)	12 (6.6)	9 (5.0)	181 (100.0)
	だいたいあてはまる	165 (40.4)	198 (48.5)	36 (8.8)	9 (2.2)	408 (100.0)
	あまりあてはまらない	103 (43.1)	104 (43.5)	30 (12.6)	2 (0.8)	239 (100.0)
	まったくあてはまらない	40 (48.2)	25 (30.1)	4 (4.8)	14 (16.9)	83 (100.0)
合計		406 (44.6)	389 (42.7)	82 (9.0)	34 (3.7)	911 (100.0)

$x^2 = 68.165$, df = 9, p < .001

表 6-8 「友だちに嫌われないように気をつかう」と「朋友関係満足度」クロス集計結果

〔（ ）は%〕

		自分は同級生に好かれていると思う				合計
		とてもあてはまる	だいたいあてはまる	あまりあてはまらない	まったくあてはまらない	
友だちに嫌われないように気をつかっている	とてもあてはまる	20 (11.6)	89 (51.7)	46 (26.7)	17 (9.9)	172 (100.0)
	だいたいあてはまる	20 (5.2)	231 (59.7)	120 (31.0)	16 (4.1)	387 (100.0)
	あまりあてはまらない	12 (5.3)	127 (55.9)	76 (33.5)	12 (5.3)	227 (100.0)
	まったくあてはまらない	12 (14.6)	30 (36.6)	17 (20.7)	23 (28.0)	82 (100.0)
合計		64 (7.4)	477 (55.0)	259 (29.8)	68 (7.8)	868 (100.0)

$x^2 = 77.311$, df = 9, p < .001

表からは，まったく気を遣っていない子どものなかで，まったく友だちに好かれていないと感じている子どもが28.0％いることが読み取れる。友だちに好かれていないと感じているから，これ以上友だちに気を遣う必要がないと思っているのか，友だちに対してまったく関心がはらわれていないのか，今回の調査結果からだけでは判別できないけれども，今後詳細な分析が必要であろう。

⑥友だちからの嫌がらせ

友だちから「死ね」や「キモい」など嫌なことをいわれたり，無視されたり，殴られたり物をとられたり嫌なことをされることがあるかどうかという「嫌がらせ体験」と，日常生活の様子に対する評価との関連をみたところ，すべての生活評価項目との間に有意な相関がみられた。とくに，「学校を休みたいと思うことがある」という学校回避度との間には.404***と，比較的強い相関がみられ，朋友関係の良し悪しは，子どもの学校に行きたくないといった学校回避感情に強い影響を及ぼしている様子がうかがえる。

⑦家族との関係

家族との関係についてみてみると，家族旅行と家庭生活満足度との間に.362***と，やや強い関連がみられた。

「家族と一緒に旅行や遊びに出かける」ような家族との共有行動が多い子どもほど家庭生活満足度が高く，共有行動の機会のない子どもほど，家庭生活満足度が低いという傾向がみられた。一緒に遊んだり旅行に行ったりするといった経験を親から与えられている子どもほど，「親から大切にされている」「家族といるとほっとする」といった家庭生活満足度が高いといえる。

「父母仲」と，家庭生活満足度との間には.450***と，比較的強い関連がみられた。子どもからみた「両親の仲が良い」ことについても家庭生活満足度との間に統計的に有意な関連がみられ，「両親の仲が良い」と回答している子どもほど，「家族といるとほっとできる」と回答する割合が高く，逆に，両親の仲が良くないと感じている子どもほど，家族といてもほっとできないという様子がみられた。

神原らによる「名古屋調査」(1995)において，「家庭があたたかく感じられ

る条件として，親夫婦の仲が良いことという知見が導きだされているが（神原 2000：144），今回の調査結果からも，子どもからみて両親の仲が良いことは，子どもにとって家庭が居心地がよい，親から大切にされていると思える要因になっていることが再確認された。

「親から傷つくことを言われたりされたりする」経験があるかどうかと生活充実度との間には−.213と弱い相関がみられ，表6-9のクロス集計結果からもわかるように，親から傷つくことを言われたりされたりすることのない子どもほど，毎日の生活が充実していると回答する割合が高くなる傾向がみられた。

しかし，「親から傷つくことを言われたりされたりする」かどうかという問いに対して「とてもあてはまる」と回答している子どものなかで，「毎日の生活が充実している」と回答した子どもの割合が22.2％を占めていることから，親から傷つくこと言われたりされたりしていても，他のところで何らかの楽し

表6-9 「親から傷つくことを言われたりされたりする」×「生活充実度」クロス集計結果

〔（ ）は％〕

		毎日の生活が充実している				合計
		とてもあてはまる	だいたいあてはまる	あまりあてはまらない	まったくあてはまらない	
親から傷つくことを言われたりされたりする	とてもあてはまる	12 (22.2)	27 (50.0)	9 (16.7)	6 (11.1)	54 (100.0)
	だいたいあてはまる	19 (16.8)	75 (66.4)	14 (12.4)	5 (4.4)	113 (100.0)
	あまりあてはまらない	61 (18.5)	209 (63.5)	51 (15.5)	8 (2.4)	329 (100.0)
	まったくあてはまらない	173 (41.4)	203 (48.6)	33 (7.9)	9 (2.2)	418 (100.0)
合計		265 (29.0)	514 (56.2)	107 (11.7)	28 (3.1)	914 (100.0)

$x^2 = 75.175$, df＝9, $p<.001$

みや喜びがあることが，このような評価につながっていることが推察される。

また，「親から傷つくことを言われたりされたりするかどうか」と「家庭生活満足度」との間に統計的に有意な関連のあることがわかった。親から傷つくことを言われたりされたりしていないと回答している子どもほど，家庭生活に満足しており，親から傷つくことを言われたりされたりしている子どもほど，家庭生活に不満をもっている結果となった。親から傷つくことを言われたりされたりすることは，子どもにとっては望ましい状況とはいえず，家庭生活における満足度を低める要因となっていることが示唆された。

2 「日常生活の様子」と「日常生活の様子に対する評価」との関連についての考察

これまでみてきたように，子どもの家庭での生活の様子や学校の様子や友人とのかかわり方の様子と，その様子に対する子どもの評価とは，相互に関連していることが明らかになった。おもな知見を示しておきたい。

知見① 学校の勉強がわかるかどうかと毎日の生活充実度との間に比較的強い相関がみられる。

中学生にとって，やはり勉強は重大な関心事であり，勉強がわかると思えることによって，生活が充実しているという実感につながるものと推察される。

知見② 学校の勉強がわかることは，毎日の生活の充実度だけではなく，「家族といるとほっとする」「親から大切に育ててもらっている」といった家庭生活満足度，学校生活満足度，学校回避感，朋友関係満足度といった子どもの日常生活の様子に対する評価のすべてにプラスの効果がある。

学校の勉強が良くわかるから，生活が充実していると思えたり，家庭生活に満足できていると解釈することもできるが，逆に，家庭生活に満足しているから，あるいは学校が楽しいから，学校の勉強も良くわかるという解釈も成り立つ。いずれにしても，子どもにとって，学校の勉強がわかると思えるかどうかは，子どもの生活の評価と関連していることから，勉強理解度は子どもの生活に対する評価を高めるうえで重要な鍵を握っていることが推察される。

知見③ 朋友関係において，友だちから「死ね」とか「キモい」といった悪口を言われたり，友だちから無視されたり，他の人から殴られたり物をとられたりといった嫌がらせを受けている子どもほど，毎日の生活が充実しているという評価が低い。

知見④ 嫌がらせを受けている子どもほど，学校生活が楽しいとは思えず，学校を休みたいという思いにつながっている。

知見⑤ 自傷行為と「学校を休みたい」という学校回避度に相関がみられる。学校を休みたいという思いをもっていることと，つらくなって自分の体を傷つけるようなことがあることは互いに関連しており，学校への回避的感情が，自傷という行為に結びつく危険性を示している。

知見⑥ 友だちに気を遣うという友だちへの配慮と，朋友関係満足度および学校生活満足度との間に関連がみられ，友だちに気を遣うことなく良好な友だち関係を築いている子どもがいる一方で，友だちに気を遣いながら良好な友だち関係を維持しようとしている子どもの姿が浮き彫りになった。

知見⑦ 家族で遊びや旅行に行くなど家族との共有行動が多い子どもほど，また子どもからみて両親の仲が良いと思える子どもほど，生活充実度や家庭生活満足度が高まる。

家族との共有行動や両親の仲の良さは，子どもにとって親から大切に育てられているという評価や家族といるとほっとできるという評価につながっている。逆に，親から傷つくことを言われたりされたりしていると，子どもは親から大切に育てられていない，家族といてもほっとできないといった具合に，家庭生活満足度が低くなることが明らかになった。

第6節　まとめ

本章では，Ⅰ．子どもの日常生活の様子と，Ⅱ．子どもの日常生活の様子に対する評価との関連をみてきた。それぞれの日常生活の様子と，日常生活の様子に対する評価の各項目との間に.300以上と比較的強い相関が認められたも

第6章　子どもの生活実態――中学生調査の結果から

のについて図示したものが図6-2である。

「学校を休みたい」と思うことがあるかどうかには，「つらくなって自分の体を傷つけるようなことがある」かどうかという「自傷」と，友だちから「死ね」や「キモい」など嫌なことを言われる「悪口」，友だちからの「無視」，他の人から殴られたり物をとられたりするような「暴力」と関連していることが明らかになった。

家族と一緒に遊んだり旅行に出かけたりするような家族との共有行動や，子どもからみて両親の仲が良いことと，子どもの家庭生活満足度との間には，比較的強い関連がみられた。家族との共有行動が多いから家族といるとほっとできるのか，家族といるとほっとできるから，一緒に遊んだり出かけたりすることが多いのか，その因果関係はわからないが，少なくとも子どもにとって，家

Ⅰ. 日常生活の様子

朝食習慣
勉強習慣
勉強理解
自傷行為
友気遣い
嫌がらせ体験
家族旅行
父母仲
親嫌がらせ

Ⅱ. 日常生活の様子に対する評価

生活充実度
学校生活満足度
学校回避度
朋友関係満足度
家庭生活満足度

.353
.410
.346
.404
.362
.450

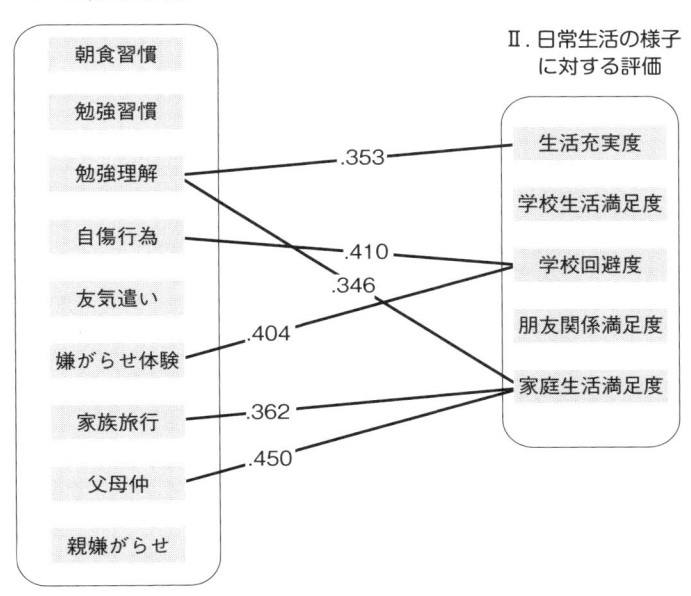

図6-2　「Ⅰ. 日常生活の様子」と「Ⅱ. 日常生活の様子に対する評価」との相関図

族との共有行動は，家庭生活に対してプラスの評価につながる可能性が示唆された。

先行調査においても，子どもからみた親夫婦の関係についての評価と「家庭は大変あたたかい感じがするかどうか」の間に高い関連がみられ，両親の仲が良いと思えることが，子どもにとって家庭を暖かい場と感じられるかどうかの重要な要因となっているという知見が得られていたが，今回の調査からも，子どもからみた夫婦間の関係性の良し悪しが，子ども自身の家庭生活満足度の評価に関連していることが明らかになった。

「親から傷つくことを言われたりされたりしている」ことと，家庭生活満足度との間にはマイナスの相関が認められた。つまり，親から傷つくことを言われたりされている子どもは，家庭生活に対する満足度が低い。子どもにとって，親から傷つくことを言われたりされたりすることは，自分は親から大切にされていない，家族といてもほっとできないと感じることと関連していることが示唆された。

「学校の勉強はよくわかる」かどうかという「勉強理解」と，「毎日の生活が充実している」と思えることの間に比較的強い関連が認められた。子どもにとって，学校の勉強がわかることが，毎日の生活の充実ぶりにつながっていることがうかがえる。また，学校の勉強が良くわかるということと，家庭生活満足度との間にも関連が認められた。これは，学校の勉強が理解できると自覚している子どもは，親からあまり勉強のことで叱られたり注意されたりすることがなく，緊張を強いられるような場面が少ないのではないかと推測される。子どもにとって学校の勉強がわかるかどうかという学力の問題は，学校生活よりも，むしろ，家庭生活や日常生活一般に対する満足度に影響するといえそうだ。

次章では，日常生活の様子と，子どもの自分の生活の様子に対する評価を踏まえて，自分の生活システムを変更しうるような条件や可能性の有無と，子どもの「生きづらさ」との関連について検証してゆく。

注

(1) たとえば，土井隆義は『友だち地獄』のなかで，いまの子どもたちが傷つけまい，傷つくまいとして，空気を読みあいながら友だちに気を遣う様子を指摘している。

(2) 本田由紀が2009年に神奈川県の公立中学校の2年生を対象に行った調査では，「学力」と「生きる力」という2つのスコアを用いて，中学生にとっての意味を考察している。そのなかで，「『学力』や『生きる力』が中学校生活の中で，『微妙』ではあるが，『確かな』影響力を発揮している」と述べ，中学生の生活における「学力」の意味を検討している。そのなかで，「『学力』が高い中学生ほど学校生活の中でも特に授業への満足度や日常生活全般の充実度が高い」と，本調査とも同じような結果が導かれている。

引用文献

神原文子他編，2000，『教育期の子育てと親子関係』ミネルヴァ書房。
神原文子，2006，「高校生の対人関係被害」ひょうご部落解放・人権研究所『ひょうご部落解放』第122号。
土井隆義，2008，『友だち地獄：「空気を読む」世代のサバイバル』筑摩書房。
内閣府政策統括官，2007，『低年齢少年の生活と意識に関する調査』。
藤田英典代表，1996，『子どもたちの生活世界』伊藤忠記念財団。
本田由紀，2011，『若者の気分：学校の「空気」』岩波書店。
森田洋司，1997，『「不登校」現象の社会学』学文社。

第7章

生活システム変更条件と「生きづらさ」

第1節　生活システム変更の条件項目

　本章では，生活システム変更条件の有無と「生きづらさ」との関連に着目し，生活システム変更条件があれば「生きづらさ」を感じる度合は低くなり，生活システム変更の条件がなければ「生きづらさ」を感じる度合は高いという仮説を検証していく。

1　生活システム変更プログラム

　個々の子どもの生活上において生活評価が低く，子どもにとって非許容の状態にあっても，その状況を変える何らかの条件があれば，子どもの「生きづらさ」は軽減されると考えられる。そこで状況を改善しうる条件について，神原文子の構造危機のストレスに対処するために考えられた対処プログラムを参考に示しておく。神原は，A 資源変更プログラム：状況を変えられるだけの資源を調達できるかどうか，B 関係変更プログラム：状況を変えうる他のメンバーとの関係を変えられるかどうか，C 目標変更プログラム：いまのニーズとは違う別のニーズを設定することができるかどうか，D 価値変更プログラム：生活規範（価値）の達成水準を下げることができるかどうか，の4つを挙げ，これらのいずれかが選択される場合もあれば，いく種類かのプログラムを組み合わせて対処に適用する場合があると説明している（神原 1990）。

第 7 章　生活システム変更条件と「生きづらさ」

　これに倣い上記のプログラムに対応する条件項目を設定し，それぞれの条件項目の有無についての子どもの認知程度を探ってみることにした。子どもが変更可能な条件が有ると認知している場合と，無いと認知している場合とで「生きづらさ」を感じる度合に違いがあるかどうかを測る。条件が有る場合に「生きづらさ」を感じる程度は低くなり，条件が無い場合には「生きづらさ」を感じる程度は高くなると推測される。
　A 資源変更について，子どもは当該の困難な状況を誰かに相談することができれば，その誰かから何らかのアドバイスがもらえたり，自分のつらい気持ちをわかってもらうことによって，気が楽になったりと，状況が改善されることが考えられる。
　そこで，状況を変えられるだけの人的資源を調達する方策を尋ねる項目として，困難な状況を相談できるような人がいるかどうかについて，今回は相談相手の対象として親を設定し，「困ったことがあったときに親に話せるかどうか」を尋ねることにした。この他に，時間という資源の有無を尋ねる質問項目として，時間にゆとりがありリラックスできさえすれば，許容できない現状を変えることができるかもしれないと考え，「自由な時間があるかどうか」という質問を設定した。
　B 関係変更については，周りの人との関係性の取り結びかたによって，状況が改善される可能性があると考えられる。許容できない現状を改善するためには，周りの人から共感や承認が得られるかどうかにもかかっており，子どもにとって，家族や友だち，先生，地域の人びとなど関係性が重要である。そこで家族関係についての質問項目として「父親は気持ちをわかってくれる」「母親は気持ちをわかってくれる」「父親は認めてくれる」「母親は認めてくれる」といった質問項目を設定した。つぎに朋友関係については「学校の中に気持ちをわかってくれる友だちがいる」「学校以外に気持ちをわかってくれる友だちがいる」の 2 項目，さらに「信頼できる先生がいる」といった先生とのラポールがあるかどうかを尋ねる質問項目を設定した。
　C 目標変更について，「やってみたい仕事やかなえたい夢など将来の希望が

ある」という質問項目を準備し，将来の目標設定が定まっているかどうかを尋ねることにした。中学生という時期は義務教育後の将来の進路を決める時期に相当し，はっきりした目標を設定できるかどうかは子どもにとって重要なことである。

また，たとえ自分のおかれている状況がどんな困難な状況にあっても，別のところに自分の楽しみがあれば，そちらに自分の気持ちを置き換えることができる。そこで「好きな趣味や楽しみがあるかどうか」を尋ね，別のニーズを達成することによって困難な状況を回避できるかどうかを測定した。

D 価値変更について，自分の生活を相対的に眺め，生活を見直すことができるかどうかが問われなければならない。そこで，自分にとってあるべき生活の状態でなくても，現状でも我慢できるかどうかという問いを用意すべきだった。しかし残念ながら，今回の調査ではこの質問項目を設定していない。したがって，価値変更の対処プログラムをとることの有効性については検証できなかった。価値変更条件については，今後充分な検討が必要であることを断わっておきたい。

2 生活システム変更条件と子どもの生活システム

子どもの生活システムにおける変更の必要性と生活システム変更条件の関連を描いたものが図7-1である。

生活システム変更の条件として，以下の質問項目によって測定した。

時間的な余裕があるか無いかを問う「やらなければならないことがいっぱいで忙しくて自由な時間がない（反転）」，親からのサポートが得られるかどうかを問う「困ったことがあっても親には話せないことが多い（反転）」「父親は自分の気持ちをわかってくれる」「母親は自分の気持ちをわかってくれる」「一生懸命頑張っても父親は認めてくれない（反転）」「一生懸命頑張っても母親は認めてくれない（反転）」，学校内におけるサポートが得られるかどうかを問う「学校の中に気持ちをわかってくれる友だちがいる」「学校以外で気持ちをわかってくれる友だちがいる」「学校の中に信頼できる先生がいる」，自分なりの楽

第 7 章　生活システム変更条件と「生きづらさ」

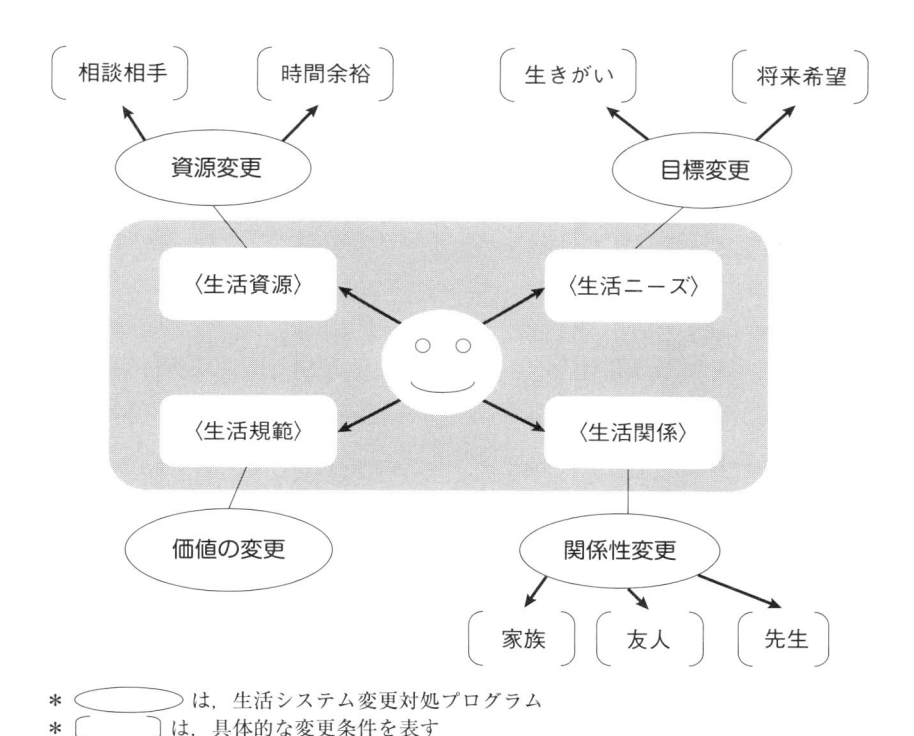

図 7-1　生活システム変更の必要性と生活システム変更の条件

* ◯ は，生活システム変更対処プログラム
* ［ ］ は，具体的な変更条件を表す

しみや将来に対する期待が持てるかどうかを問う「自分には好きな趣味や楽しみがある」「やってみたい仕事やかなえたい夢など将来の希望がある」の 11 項目である。

　回答者にはそれぞれの質問項目について，「とてもあてはまる」「だいたいあてはまる」「あまりあてはまらない」「まったくあてはまらない」にそれぞれ 1，2，3，4 の各点を配し，4 件法で回答を求めた。

3　生活システム変更条件の単純集計結果

　各変更の条件項目の単純集計結果を表 7-1 に示す。

表7-1　システム変更条件の単純集計結果

変更の条件項目	とてもあてはまる	だいたいあてはまる	あまりあてはまらない	まったくあてはまらない	合計
自由時間がない（反転）	86（9.2%）	272（29.2%）	448（47.8%）	127（13.5%）	933（100%）
親に相談できない（反転）	194（21.0%）	297（32.1%）	312（33.8%）	121（13.1%）	924（100%）
父気持ち理解	179（21.1%）	359（42.3%）	234（27.6%）	77（9.1%）	849（100%）
母気持ち理解	245（27.2%）	446（49.5%）	156（17.3%）	54（6.9%）	901（100%）
父努力評価（反転）	52（6.2%）	142（16.8%）	320（34.7%）	331（39.2%）	845（100%）
母努力評価（反転）	52（5.8%）	144（16.2%）	309（34.7%）	385（43.3%）	890（100%）
学内友だち	435（47.3%）	372（36.7%）	267（29.1%）	109（11.9%）	918（100%）
信頼先生	205（22.3%）	337（36.7%）	267（29.1%）	109（11.9%）	918（100%）
学外友だち	340（37.2%）	291（31.9%）	194（21.2%）	88（9.6%）	913（100%）
趣味・楽しみ	636（68.2%）	224（24.0%）	51（5.5%）	21（2.3%）	932（100%）
将来の希望	414（44.7%）	242（26.1%）	187（20.2%）	84（9.1%）	927（100%）

①自由時間がない（反転）

　自由な時間があるかどうかを尋ねた質問項目では，「自由な時間がない」という選択肢に対して「とてもあてはまる」が86人（9.2%），「だいたいあてはまる」が272人（29.2%）と回答しており，あわせると38.4%と約4割の子どもが，自由な時間がないと回答していた。日々の生活において時間の余裕がないと感じている中学生が多いことが推察される。しかし，どのような原因で時間が無いのかについては，その忙しさの内実まではわかっていない。たとえば宿題や勉強で忙しすぎてなのか，部活や課外活動なのか，友だちと連絡しあうことに時間をとられすぎるのか，塾などの勉強で忙しいのか，など具体的な理由は尋ねなかった。子どもにとって時間がないことが重要な意味をもつのであれば，その忙しさの原因を解明することが今後のひとつの課題となる。

②親に相談できない（反転）

　つぎに，困ったことがあるときに親に相談できるかどうかを尋ねた「困ったことがあっても親には話せないことが多い」かどうかについては，「とてもあてはまる」が194人（21.0%），「だいたいあてはまる」が297人（32.1%）で，

あわせると 53.1％と約半数の子どもが親に相談できないと回答していた。この質問は，「親と日常的に話すかどうか」という日常の会話の状況ではなく，子どもが「困ったことがある」ときに「親が相談相手となりえているのかどうか」を尋ねたものである。調査からは半数以上の子どもが「親に相談できない」と答えていた。

　これには，親に言っても解決しないと思って話さないという解釈と，親に心配をかけたくなくて話せないという解釈が成り立つ。そこで，「自分のことで親をがっかりさせたくない」という項目と「困ったことがあっても親には話せない」という項目間の相関をみたところ，2 項目間に統計的に有意な関連がみられた（x^2 = 78.76，df = 9，p＜.001）。困ったことがあっても親に話さないと回答した子どものうち，「自分のことで親をがっかりさせたくない」という問いに「とてもあてはまる」と回答した子どもの割合は 53.2％であった。

　親をがっかりさせたくないということと，親に心配をかけたくないということとは若干違いがあるものの，「自分のことで親をがっかりさせたくなく，かつ，困ったことがあっても親に相談できない」と考えている子どもたちが多いという点が明らかになった。自分の困っている状況を話すことによって，親を悲しませたり，がっかりさせたりしたくないといった気持ちの表れと解釈することができるだろう。

③父・母気持ち理解

　「お父さんは自分の気持ちをわかってくれるか」どうかについては，「とてもあてはまる」が 179 人（21.1％），「だいたいあてはまる」が 359 人（42.3％）で，あわせると 63.4％と約 6 割強の子どもが，父親は自分の気持ちをわかってくれると回答している。

　「お母さんは自分の気持ちをわかってくれるか」どうかについては，「とてもあてはまる」が 245 人（27.2％），「だいたいあてはまる」が 446 人（49.5％）で，あわせると 76.7％と約 8 割弱の子どもが，母親は気持ちをわかってくれると回答している。しかし，父親にしても母親にしても「とても」という積極的肯定よりも「だいたい」という消極的肯定が多いという特徴もみられる。

④父・母努力評価（反転）

「一生懸命頑張ってもお父さんは認めてくれない（反転）」について，一生懸命頑張ったことを父親が認めてくれるかどうかを尋ねたところ，「とてもあてはまる」が52人（6.2%），「だいたいあてはまる」が142人（16.8%）で，自分の努力を父親が認めてくれないという回答は両方をあわせると23.0%であった。

「一生懸命頑張っても母親は認めてくれない（反転）」かどうかについては，「とてもあてはまる」が52人（5.8%），「だいたいあてはまる」が144人（16.2%）で，自分の努力を母親が認めてくれないという回答は両方を合わせると22.0%であった。

なお，家族に関わる項目について家族形態が影響しているかどうかをみるために，家族形態と各項目間の相関を調べてみたが，いずれの項目においても統計的に有意な相関はみられなかった。

⑤学内の友だち

「学校の中に気持ちをわかってくれる友だちがいる」かどうかについては，「とてもあてはまる」435人（47.3%），「だいたいあてはまる」372人（36.7%）と，両方を合わせると9割弱の子どもが「学校の中に気持ちをわかってくれる友だちがいる」と回答していた。

⑥先生への信頼

「学校の中に信頼できる先生がいる」については，「とてもあてはまる」が205人（22.3%），「だいたいあてはまる」が337人（36.7%）で，両方をあわせると59.0%と約6割の中学生が学内に信頼できる先生がいると回答していた。しかし，逆に言えば約4割の中学生が「学校の中に信頼できる先生がいない」と思っていることがわかる。

⑦学外の友だち

「学校以外で気持ちをわかってくれる友だちがいる」については「とてもあてはまる」が340人（37.2%），「だいたいあてはまる」が291人（31.9%）で，両方をあわせると69.1%と約7割弱の中学生が，「学校以外に気持ちをわかってくれる友だちがいる」と回答していた。

⑧趣味・楽しみ

　たとえどこかでつらい思いをしていても，その状況から逃れるような自分の趣味や自分の世界があることは，状況を打開する手立てになる。そこで，趣味や楽しみの有無を尋ねたところ，「自分には好きな趣味や楽しめるものがある」に関しては，「とてもあてはまる」が636人（68.2％），「だいたいあてはまる」が224人（24.0％）で，両方をあわせると92.2％と9割以上の子どもが趣味や楽しみをもっていると回答していた。

⑨将来の希望

　「やってみたい仕事やかなえたい夢など，将来の希望がある」については，「とてもあてはまる」が414人（44.7％），ついで「だいたいあてはまる」が242人（26.1％），「あまりあてはまらない」が187人（20.2％），「まったくあてはまらない」が84人（9.1％）という結果であった。ほぼ半数の子どもが明確に「将来の希望」をもっていると答えているが，「あまりあてはまらない」「まったくあてはまらない」を両方合わせると約3割の子どもが将来の夢や希望をもっていないと回答していた。

4　小括

　生活システムを変動させる条件の結果を以下に示す。

　①約4割の子どもが自由に使える時間がないと答えており，日常生活に時間的なゆとりがない様子がうかがえる。自由時間がないことが「生きづらさ」とどのように関連しているかを探ることが今後のひとつの課題である。

　②困ったことがあったときに親に話せるかどうかについては，約半数の子どもが親に相談できないと回答していた。今の子どもが親に気を遣っている様子がうかがえる。何かあったときに誰かに相談できることは状況を改善するひとつの対処方法となりうるが，今回の調査結果をみる限り，子どもは親に相談しづらいと思っている様子がうかがえる。

　また，自分のことで親をがっかりさせたくないし，困ったことがあっても親に相談できないと考えている子どもたちが多いという点についても注意が必要

であろう。

　③父親や母親は自分の気持ちをわかってくれるかどうかについては，約7割の子どもが気持ちをわかってくれると回答していた。

　一方，自分が一生懸命頑張っていることを，父親や母親が認めてくれているかどうかについては，父，母とも約8割が認めてくれていると回答しており，親が自分の頑張りを承認してくれていると感じているようだ。

　しかし，「とてもあてはまる」という回答よりも「だいたいあてはまる」といった消極的な肯定の割合が高いことから，全面的に親が気持ちをわかってくれている，認めてくれていると感じているよりは，「だいたいわかってくれたり，認めてくれたりしている」と感じている様子がうかがえる。

　④困ったことがあったとき親に話せるかかどうか，親は自分の気持ちをわかってくれるかどうか，親は自分の頑張りを認めてくれるかどうかそれぞれについて，家族形態の違いによって影響がみられるかどうかを調べたが，家族形態による違いはみられなかった。

　⑤学校の中に気持ちをわかってくれる友だちがいるかどうかについては，約9割の子どもが気持ちをわかってくれる友だちがいると回答していた。逆に1割の子どもが学校の中に気持ちをわかってくれる友だちがいないと感じている。

　学校以外で気持ちをわかってくれる友だちがいるかどうかについては，7割が学外に気持ちをわかってくれる友だちがいると回答しており，学内だけでなく，学校以外にも自分のことをわかってくれる友だちがいると感じている子どもが多いことがわかる。

　⑥学校の中に信頼できる先生がいるかどうかについては，約6割が学内に信頼できる先生がいると回答していたが，約4割が学校の中に信頼できる先生がいないと回答していた。中学生にとってなぜ先生が信頼できる存在となっていないのか，その理由の解明は今後の課題として残されている。

　⑦将来の夢や希望については7割の子どもが夢や希望を持っていると答えていたが，3割の子どもは夢や希望をもてないでいる様子がうかがえた。第5章の投書分析で，将来の目標がもてないことでどうしようもない気持ちへと追い

詰められている投書が多くみられた。将来の夢や希望がもてないときにどのような打開策があれば，「生きづらさ」が低減されるかという点の解明についても今後の課題としておきたい。

第2節　「生きづらさ」を測定する

1　「生きづらさ」を測定する項目の設定

「生きづらさ」の定義「子どもが認知した緊張を処理するために，生活システムを変える試みを行っても緊張処理が実現できず，現状では緊張処理の可能性が見いだせない状態」をふまえ，新聞への投書分析を通して発見した「生きづらさ」の標識に基づいて，「生きづらさ」を測る項目を次のように設定した。

「何かあるとすぐに自分が悪いんだと自分を責めてしまう」「『生きているのはつらい』とか『消えてしまいたい』とか思うことがある」「学校にも家の中にも，どこにも自分の居場所がないような気がする」「自分なんか，この世に生まれてこなければよかったと思う」「いまの生活はつらいことの方が多い」「いろんなプレッシャーに押しつぶされるような気持ちになる」「他の人が自分のことをどう思っているのか，いつも気になる」「ありのままの自分を，誰も認めてくれない」「これ以上，何をがんばればいいのだ，と思うことがある」「将来に，まったく希望がもてない」の10項目である。

回答者にはそれぞれの質問項目について，「とてもあてはまる」「だいたいあてはまる」「あまりあてはまらない」「まったくあてはまらない」にそれぞれ1，2，3，4の各点を配し，4件法で回答を求めた。

2　「生きづらさ」項目の単純集計結果

「生きづらさ」に関わる項目についての単純集計結果を表7-2に示す。

それぞれの結果について簡単にみていく。

まず「何かあるとすぐに自分が悪いんだと自分を責めてしまう」（以下「自責感」と表記する）という項目について，「とてもあてはまる」が10.9％，「だ

表7-2 「生きづらさ」項目単純集計結果

「生きづらさ」関連項目	とても あてはまる	だいたい あてはまる	あまり あてはまらない	まったく あてはまらない	合計
何かあるとすぐに自分が悪いんだと自分を責めてしまう	100 (10.9%)	297 (32.4%)	404 (44.1%)	115 (12.6%)	916 (100%)
「生きているのはつらい」とか「消えてしまいたい」とか思うことがある	60 (6.5%)	106 (11.5%)	296 (32.2%)	457 (49.7%)	919 (100%)
学校にも家の中にも、どこにも自分の居場所がないような気がする	26 (2.8%)	58 (6.3%)	289 (31.4%)	546 (59.6%)	919 (100%)
自分なんか、この世に生れてこなければよかったと思う	35 (3.8%)	62 (6.8%)	230 (25.1%)	590 (64.3%)	917 (100%)
いまの生活はつらいことのほうが多い	57 (6.2%)	128 (14.0%)	326 (35.6%)	405 (44.2%)	916 (100%)
いろんなプレッシャーに、押しつぶされるような気持ちになる	79 (8.6%)	151 (16.5%)	314 (34.3%)	372 (40.6%)	916 (100%)
他の人が自分のことをどう思っているのか、いつも気になる	166 (18.2%)	243 (26.6%)	294 (32.2%)	211 (23.1%)	914 (100%)
ありのままの自分を、誰も認めてくれない	27 (3.0%)	74 (7.2%)	386 (42.6%)	419 (46.2%)	906 (100%)
これ以上、何をがんばればいいのだと思うことがある	97 (10.6%)	149 (16.3%)	302 (33.1%)	364 (39.9%)	912 (100%)
将来に、まったく希望が持てない	59 (6.5%)	74 (8.1%)	306 (33.5%)	475 (52.0%)	914 (100%)

いたいあてはまる」が32.4％で、両方をあわせると43.3％と半数弱の子どもが何かあったときに自分が悪いと自分を責めてしまうようなことがあると回答している。

「『生きているのはつらい』とか『消えてしまいたい』とか思うことがある」（以下「消滅願望」と表記する）という質問項目では、「とてもあてはまる」が6.5％、「だいたいあてはまる」が11.5％で、両方を合わせると18％と約2割弱の子どもが生きていることがつらい、あるいは消えたいといったような気持ちになることがあるという結果であった。

「学校にも家の中にもどこにも居場所がないような気がする」（以下「居場所

第7章　生活システム変更条件と「生きづらさ」

喪失」と表記する）に関しては，「とてもあてはまる」が2.8％，「だいたいあてはまる」が6.3％で，両方を合わせると9.1％と約1割弱の子どもがどこにも自分の居場所がないような気がすることがあると回答している。

「自分なんかこの世に生まれてこなければよかった」（以下「存在否定」と表記する）に関しては，「とてもあてはまる」が3.8％，「だいたいあてはまる」が6.8％で，両方を合わせると10.6％と約1割の子どもがこの世に生まれてこなければよかったと思うことがあると回答している。

「いまの生活はつらいことの方が多い」（以下「生活辛苦」と表記する）に関しては，「とてもあてはまる」が6.2％，「だいたいあてはまる」が14.0％で，両方を合わせると20.2％と約2割の子どもがいまの生活をつらいと感じることがあると回答している。

「いろんなプレッシャーに押しつぶされるような気持ちになる」（以下「重圧感」と表記する）に関しては，「とてもあてはまる」が8.6％，「だいたいあてはまる」が16.5％で，両方を合わせると25.1％と4人に1人がプレッシャーに押しつぶされるような気持ちになることがあると回答している。

「他の人が自分のことをどう思っているのかいつも気になる」（以下「他者過敏性」と表記する）に関しては，「とてもあてはまる」が18.2％，「だいたいあてはまる」が26.6％で，両方を合わせると44.8％と約半数近くの子どもが，他の人から自分がどのように思われているかを気にしている様子がうかがえる。

「ありのままの自分を誰も認めてくれない」（以下「ありのまま否定」と表記する）に関しては，「とてもあてはまる」が3.0％，「だいたいあてはまる」が7.2％で，両方を合わせると10.2％と約1割の子どもが，ありのままの自分を誰からも認めてもらえていないと感じている結果となった。

「これ以上何をがんばればいいのだと思うことがある」（以下「努力限界」と表記する）に関しては，「とてもあてはまる」が10.6％，「だいたいあてはまる」が16.3％で，両方を合わせると26.9％と約4人に1人の子どもが，これ以上何をがんばればいいのだという気持ちになることがあるという結果であった。

「将来にまったく希望が持てない」（以下「将来絶望感」と表記する）に関して

は,「とてもあてはまる」が6.5%,「だいたいあてはまる」が8.1%で,両方を合わせると14.6%と7人に1人の子どもが将来に希望をもつことができないと感じることがあるという結果となった。

3 「生きづらさ」尺度の作成

つぎに,生活システム変更条件の有無と「生きづらさ」との関連を明らかにするために,「生きづらさ」を測る尺度について検討する。

まず,「生きづらさ」の因子を索出するために,「生きづらさ」関連の全10項目に対して主因子法による因子分析を行った。いずれかの因子に反応しない変数および因子負荷量が絶対値で0.40未満の項目を除外しながら,因子分析を繰り返した結果,表7-3に示すように1因子が認められた。7項目の全分散を説明する割合は60.1%であった。

因子分析結果から1因子構造が確認され,信頼性係数を求めたところ$\alpha=.885$と,0.700以上の数値を得たので加算尺度として使用することにした。まず回答者の評定値の扱いについて説明しておく。「生きづらさ」とはマイナスの評価であるが,ここでは「生きづらさ」の感知が高いほど得点が高くなるように

表7-3 「生きづらさ」尺度因子分析結果

項目内容	I
「生きているのはつらい」とか「消えてしまいたい」とか思うことがある	0.818
学校にも家の中にもどこにも居場所がないような気がする	0.818
自分なんかこの世に生れてこなければよかったと思う	0.800
いまの生活はつらいことのほうが多い	0.798
いろんなプレッシャーに押しつぶされるような気持ちになる	0.735
ありのままの自分を誰も認めてくれない	0.734
これ以上何をがんばればいいのだと思うことがある	0.714
寄与率	60.1%

コード化し，「まったくあてはまらない」に1点，「あまりあてはまらない」に2点，「だいたいあてはまる」に3点，「とてもあてはまる」に4点を配し，得点が高いほど「生きづらさ」が高いことを表すように表記している[1]。

なお，因子分析の結果，「何かあると自分が悪いと自分を責めてしまう」という「自責感」と「他の人が自分のことをどう思っているのか気になる」という「他者過敏性」と「将来にまったく希望が持てない」という「将来絶望感」の3項目が外れる結果となった。先に，自分を責めたり，他人の目が気になったりする子どもの割合が多いという結果について述べたが，これらの項目は，子どもたちが普段から普通に感じている気持ちといえるかもしれず，次章においてさらなる検討を行うことにした。

4 「生きづらさ」の結果の小括

「生きづらさ」に関わる項目の結果から得られた主な結果を以下にまとめておきたい。

①全体的な傾向として，すべての項目について，否定的な回答が多かった。つまり，「とてもあてはまる」「だいたいあてはまる」という「生きづらさ」を感じている回答の割合よりも，「あまりあてはまらない」「まったくあてはまらない」という「生きづらさ」を感じていないという回答の割合の方が多かった。

②約1割の子どもが，どこにも自分の居場所がないといった「居場所喪失」，自分なんて生まれてこなければよかったといった「存在否定」，ありのままの自分を誰も認めてくれないといった「ありのまま否定」を抱いており，約2割の子どもが，いまの生活はつらいといった「生活辛苦」や，消えたい・死にたいといった「消滅願望」を抱いており，生きていることに消極的な気持ちをもっている子どもが少ないことがわかる。

また約4人に1人の割合で，いろんなプレッシャーに押しつぶされそうになるような「重圧感」や，これ以上何をがんばればいいのだという「努力限界」を感じている様子がうかがえる。

③何かあると自分が悪いんだと自分を責めてしまうという「自責感」を感じ

ている子どもや，他の人が自分のことをどう思っているのかいつも気になるという「他者過敏性」の子どもが約半数おり，他人の目を気にしたり，何かあると自分が悪いと自分を責めたりするようなところが，いまの子ども特徴として指摘することができる。

④因子分析の結果，1因子構造が確認され，「消滅願望」「居場所喪失」「存在否定」「生活辛苦」「重圧感」「ありのまま否定」「努力限界」の7項目を「生きづらさ」尺度として使用することにした。

第3節　生活システム変更条件と「生きづらさ」との関連

1　生活システム変更条件の因子分析

つぎに，生活システム変更条件について検討する。

まず第1節で取り上げた生活システム変更条件についてそれぞれの条件項目について，「とてもあてはまる」に4点，「だいたいあてはまる」に3点，「あまりあてはまらない」に2点，「まったくあてはまらない」に1点を配した。つぎに，変更条件の因子を索出するために，変更条件11項目に対し因子分析を行った。因子負荷量が絶対値で0.40未満の2項目（「いそがしくて自由な時間が無い」「困ったことがあっても親に話せないことが多い」）を削除し，9項目で因子分析を繰り返したところ，表7-4に示すように解釈可能な4因子が抽出された。

各因子に負荷量の高かった項目を解釈して，因子を命名した。第1因子は，「一生懸命頑張ってもお父さんは認めてくれない（反転）」「一生懸命頑張ってもお母さんは認めてくれない（反転）」など，自分の努力に対する親からの承認に関する2項目からなり「努力評価」（α=.824）と命名した。第2因子は，「お父さんは自分の気持ちをわかってくれる」「お母さんは自分の気持ちをわかってくれる」など，親が自分の気持ちをわかってくれるかどうかという親からの共感に関する2項目からなり「親共感度」（α=.741）と命名した。第3因子は，「学校の中に気持ちをわかってくれる友だちがいる」「学校以外に気持ちを

第7章 生活システム変更条件と「生きづらさ」

表7-4 生活システム変更の条件の因子分析結果

	第1因子	第2因子	第3因子	第4因子
一生懸命頑張っても父は認めてくれない（反転）	0.844	−0.140	−0.006	−0.051
一生懸命頑張っても母は認めてくれない（反転）	0.810	−0.082	−0.048	−0.029
父は自分の気持ちをわかってくれる	−0.121	0.808	0.116	0.110
母は自分の気持ちをわかってくれる	−0.111	0.671	0.190	0.079
学校の中に，自分の気持ちをわかってくれる友がいる	−0.026	0.115	0.730	0.201
学校以外で，自分の気持ちをわかってくれる友がいる	−0.032	0.087	0.463	0.255
学校の中に，信頼できる先生がいる	−0.007	0.216	0.371	0.180
自分には，好きな趣味や楽しめることがある	−0.058	0.058	0.229	0.559
やってみたい仕事やかなえたい夢など将来の希望がある	−0.009	0.080	0.167	0.401
寄与率	15.56	13.42	11.30	7.02
累積寄与率	15.56	28.98	40.28	47.30
信頼性係数	0.824	0.741	0.566	0.384
因子解釈	努力評価	親共感度	関係充足度	ニーズ充足度

注）因子抽出法：主因子法　回転法：Kaiserの正規化を伴うバリマックス法

わかってくれる友だちがいる」など，家庭以外の所属集団の中に自分の気持ちをわかってくれる人や信頼できる人がいるという，家庭以外の人的なサポート資源があるかどうかに関する3項目からなり「関係充足度」（α=.566）と命名した。第4因子は，「趣味や楽しみがある」「将来なりたい仕事やかなえたい夢など将来の希望がある」など，趣味や目標など生活ニーズが有るかどうかに関する2項目からなり「ニーズ充足度」（α=.384）と命名した。ただし，第3因子，第4因子に関して信頼性係数が低いが，当面の分析においてはこの尺度を

用いることにする。今後さらに，より妥当性の高い尺度を構成する必要があることを断わっておきたい。

つぎに「努力評価」「親共感度」「関係充足度」「ニーズ充足度」各条件の充足度から条件充足度の「高い」グループ，「やや高い」グループ，「やや低い」グループ，「低い」グループの4グループを設定した[2]。

なお「努力評価」「親共感度」「関係充足度」は，生活システム変更条件のなかの「関係変更条件」に相当する。「ニーズ充足度」は，「目標変更条件」に相当する。

先の因子分析から外れた条件項目として「やらなければいけないことがいっぱいで忙しくて自由な時間がない（反転）」という「自由時間」と「困ったことがあっても親に話せないことが多い（反転）」という「相談相手」の有無をそれぞれ単独の項目として加え，分析に使用した[3]。それぞれ「時間資源充足度」「相談資源充足度」と命名する。4グループの割合については表7-5に示すとおりである。

表7-5 各変更条件における4グループの割合

条件の充足度		高い	やや高い	やや低い	低い
努力評価	n (％)	289 (30.8)	62 (6.6)	267 (28.5)	205 (21.9)
親共感度	n (％)	142 (15.1)	74 (7.9)	308 (32.8)	305 (32.5)
関係充足度	n (％)	354 (37.7)	200 (21.3)	142 (15.1)	197 (21.0)
ニーズ充足度	n (％)	343 (36.6)	193 (20.6)	191 (20.4)	194 (20.7)
時間資源充足度	n (％)	127 (13.5)	448 (47.8)	272 (29.0)	86 (9.2)
相談資源充足度	n (％)	121 (12.9)	312 (33.3)	297 (31.7)	194 (20.7)

2 生活システム変更条件の有無と「生きづらさ」

各変更条件の充足度の高低によって分けた4グループと、「生きづらさ」得点との関連をみるために、一元配置分散分析および5％水準のTukey法による下位検定を行った。分析結果を表7-6に示す。

生活システム変更の条件として設定した「努力評価」「親承認度」「関係充足度」「ニーズ充足度」「時間資源充足度」「相談資源充足度」のすべての条件項目において、各変更条件の充足度4グループと「生きづらさ」得点との間に統計的に有意な関連が認められた。なお、傾向を視覚的に表すために、全体の平均値（m）よりも高い水準を示したものに網かけ（　　　）を施す。

下位検定の結果、「努力評価」では、親が頑張ったことを認めてくれるという評価の「高い」グループの「生きづらさ」得点は4.69点で、「やや高い」グ

表7-6 変更条件の充足度4グループ別「生きづらさ」得点の平均値（m）と標準偏差（sd）

		高い（Ⅰ）	やや高い（Ⅱ）	やや低い（Ⅲ）	低い（Ⅳ）	全体	F値	有意確率	下位検定
努力評価	m	4.69	6.60	6.64	7.57	6.16	17.82	p＜.001	Ⅰ＜Ⅳ
	n	283	57	248	197	785			Ⅱ＜Ⅳ
	sd	4.02	4.54	4.33	5.21	4.62			Ⅲ＜Ⅳ
親共感度	m	3.95	6.23	5.38	7.99	6.15	31.91	p＜.001	Ⅰ＜ⅡⅢⅣ
	n	140	71	293	287	791			Ⅱ＜Ⅳ
	sd	3.52	4.71	3.8	5.13	4.62			Ⅲ＜Ⅳ
関係充足度	m	5.46	6.15	6.24	7.49	6.19	8.09	p＜.001	Ⅰ＜ⅢⅣ
	n	339	194	136	189	858			
	sd	4.49	4.27	4.19	5.1	4.6			
ニーズ充足度	m	5.56	6.14	6.44	7.02	6.17	4.29	p＜.01	Ⅰ＜Ⅳ
	n	333	182	181	189	885			
	sd	4.78	4.18	4.5	4.91	4.66			
時間資源充足度	m	5.42	5.61	6.86	8.30	6.20	10.99	p＜.001	Ⅰ＜ⅢⅣ
	n	116	429	261	81	887			Ⅱ＜ⅢⅣ
	sd	5.02	4.08	4.64	6.02	4.66			
相談資源充足度	m	4.82	5.32	6.30	8.22	6.18	19.46	p＜.001	Ⅰ＜ⅢⅣ
	n	114	297	285	184	880			Ⅱ＜ⅢⅣ
	sd	4.49	4.11	4.14	5.62	4.66			Ⅲ＜Ⅳ

ループの 6.60 点,「やや低い」グループの 6.64 点,「低い」グループの 7.57 点よりも有意に低い。また,努力評価の「やや高い」グループは「低い」グループよりも,「やや低い」グループは「低い」グループよりも,それぞれ「生きづらさ」得点が有意に低い。

　一生懸命頑張ったことを父親や母親が認めてくれるといった努力に対する親からの評価は,子どもの「生きづらさ」を低める条件として機能していることが明らかになった。

　「親共感度」では,親が自分の気持ちをわかってくれるといった共感条件充足度の「高い」グループの「生きづらさ」得点は 3.95 点で,「やや高い」グループの 6.23 点,「やや低い」グループの 5.38 点,「低い」グループの 7.99 点よりも有意に低い。また,親共感条件充足度の「やや高い」グループは,「低い」グループよりも,「やや低い」グループは,「低い」グループよりも,「生きづらさ」得点が有意に低い。

　「親が自分の気持ちをわかってくれる」といった親からの共感がない子どもは「生きづらさ」がもっとも高く,父親や母親が「自分の気持ちをわかってくれる」と思えるような理解や共感があることが,子どもの「生きづらさ」を低める条件として機能していることが明らかになった。

　「関係充足度」では,友だちや先生が気持ちをわかってくれたり,信頼できたりするような関係性の充足度が「高い」グループの「生きづらさ」得点は 5.46 点で,「やや低い」グループの 6.24 点,「低い」グループの 7.49 点よりも有意に低い。

　学校の内外に自分の気持ちをわかってくれるような友だちや信頼できる先生がいるなど,子どものとり結んでいる関係性のなかで,信頼できる他者や理解・共感してくれるような他者がいることは,子どもの「生きづらさ」を低める条件として機能していることが明らかになった。

　「ニーズ充足度」では,趣味や将来への目標をもてたりするような生活ニーズの充足度が「高い」グループの「生きづらさ」得点は 5.56 点で,「低い」グループの 7.02 点よりも有意に近い。

趣味や自分なりに楽しめるものをもっていることや将来への希望があるなど，生活ニーズがあることは，子どもの「生きづらさ」を低める条件として機能していることが明らかになった。

「時間資源充足度」では，自由な時間があるという時間資源の充足度が「高い」グループの「生きづらさ」得点は，5.42点で，「やや低い」グループの6.86点，「低い」グループの8.30点よりも有意に低い。また，時間資源充足度の「やや高い」グループの「生きづらさ」得点は5.61点で，「やや低い」グループおよび「低い」グループの生きづらさ得点よりも有意に低い。

時間という生活資源が不足していると感じている子どもほど「生きづらさ」が高くなっていることから，自由な時間があると感じられるような時間資源を確保することが，子どもの「生きづらさ」を低める条件として機能していることが明らかになった。

「相談資源充足度」では，困ったことがあったときの相談相手という人的資源の充足度が「高い」グループの「生きづらさ」得点は4.82点で，「やや低い」グループの6.30点，「低い」グループの8.22点よりも有意に低い。また，「やや高い」グループの「生きづらさ」得点は5.32点で，「やや低い」グループおよび「低い」グループの「生きづらさ」得点よりも有意に低い。さらに「やや低い」グループの「生きづらさ」得点は「低い」グループの得点よりも有意に低いという結果であった。

困ったときに親に相談できるという人的資源をもっていることが，子どもの「生きづらさ」を低める要件として機能していることが明らかになった。親に相談できると感じている子どもほど「生きづらさ」は低く，親に相談できない子どもほど「生きづらさ」が高まるという傾向を見出すことができた。

第4節　まとめ

本章は，「子どもが所属しているいずれかの集団における生活評価が低く非許容であっても，子どもの生活システムにおいて変更な何らかの条件があると

き，生活システムの全体で見れば，生活システムを変動することによって，『生きづらさ』を感じる度合を低くすることができる。しかし，生活システムの非許容状況を変更しうる条件がなければ，子どもが『生きづらさ』を感じる度合は高くなるだろう」という予測のもと，生活システム変更条件の有無と「生きづらさ」との関連を探った。生活システムの変更条件の程度と「生きづらさ」の感じ方の程度との関連を分析した結果を図7-2に示す。

今回の分析から明らかになった知見を以下に示す。

知見① 親が自分の気持ちをわかってくれるという親からの共感が得られている子どもほど「生きづらさ」は低い。

知見② 親が自分の頑張りを認めてくれるような努力評価が得られている子どもほど「生きづらさ」は低い。

知見③ 学校の内外に気持ちをわかってくれる友だちがいることや，信頼できる先生がいるなど関係資源が充足している子どもほど「生きづらさ」は低い。

知見④ 自分なりの趣味や楽しみ，将来の希望があるなど生活ニーズが充足している子どもほど「生きづらさ」は低い。

知見⑤ 自由な時間が確保できているような時間資源が充足している子どもほど「生きづらさ」は低い。

知見⑥ 困ったことがあったときに親に相談できるといった相談相手という人的資源をもっている子どもほど「生きづらさ」は低い。

子どもにとって，家庭では親が気持ちをわかってくれる，頑張ったことを親が認めてくれるといったような親からの理解や共感があること，家庭以外でも学校の内外に自分の気持ちをわかってくれるような友だちや信頼できるような先生がいることなどのように，子どもの生活関係が生活システム変更条件として機能し，子どもの「生きづらさ」を低めることにつながっていた。

また，趣味や自分なりの楽しみをもっていることや，やってみたい仕事やかなえたい夢など将来への希望があるなどの生活ニーズをもっていることも，子どもの「生きづらさ」を低める条件として有効に機能していた。

さらに，「時間」に余裕があることや困ったときに親に相談できるなどの生

活資源があることも，子どもの「生きづらさ」を低めるうえで重要な条件として機能していることが明らかになった。

今回の分析では，生活システム変更条件のうち，生活価値対処プログラムの有効性については分析することができなかったが，それ以外の生活関係，生活ニーズ，生活資源の有効性については検討することができた。その結果，子どもの使用しうる生活関係，生活ニーズ，生活資源など，生活システム変更の条件がある子どもほど「生きづらさ」は低く，変更の条件がない子どもほど「生きづらさ」の程度は高まることが明らかになり，「ある生活課題についての子どもの評価が低いとき，子どもの使用しうる打開策など変更可能な条件の有無が『生きづらさ』に影響し，何らかの変更可能条件があるほど，『生きづらさ』は低く，条件がない子どもほど『生きづらさ』の程度は高まる」という仮説が立証された。

生活システム変更条件

〈生活資源〉
・自由な時間
・親相談相手

〈生活ニーズ〉
・趣味や楽しみ（短期）
・将来の希望（長期）

〈生活関係〉
・親からの共感・承認
・先生，友だち理解者

変更条件充足度「低」 → 「生きづらさ」の程度 高
変更条件充足度「高」 → 「生きづらさ」の程度 低

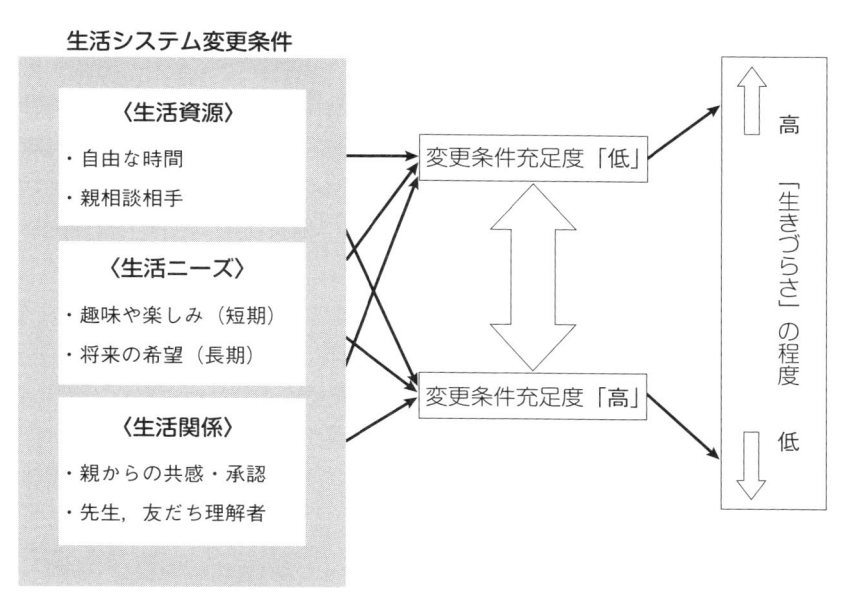

図7-2　生活システム変更条件と「生きづらさ」との関連

注

(1) 有効数892票，レンジ1〜22，平均6.17点，SD 4.65，分散21.68で，「生きづらさ」得点として用いることにした。

(2) なるべくグループサイズに差が出ないよう等分位になるように試みたが，回答に偏りがあり，グループサイズに違いがみられた。なお，各条件項目の得点によるグループ分けは以下のとおりである。

		生活変更条件			
		親共感度	親承認度	関係充足度	ニーズ充足度
4分位	高い	7-8点 142 (15.1%)	8点 289 (30.8%)	10-12点 354 (37.7%)	8点 343 (36.6%)
	やや高い	6点 74 (7.9%)	7点 62 (6.6%)	9点 200 (21.3%)	7点 193 (20.6%)
	やや低い	5点 308 (32.8%)	6点 267 (28.5%)	8点 142 (15.1%)	6点 191 (20.7%)
	低い	2-4点 305 (32.5%)	2-5点 205 (21.9%)	3-7点 197 (22.1%)	2-5点 194 (21.1%)

(3) 「自由時間」と「相談相手」の2項目については，反転項目になるため，「とてもあてはまる」に1点，「だいたいあてはまる」に2点，「あまりあてはまらない」に3点，「まったくあてはまらない」に4点を配し，点数が高いほど自由時間がある，親に相談できるという条件が高いことを表すようにしている。

引用文献

神原文子，1990，「集団システムにおけるストレスおよびストレス対処に関する一考察」『愛知県立大学文学部論集』第38号。

第8章

子どもの生活システム類型からみた「生きづらさ」

第1節　子どもの生活システム類型

　これまで，子どもの生活システム変更条件の有無が子どもの「生きづらさ」の感じ方に影響を及ぼすかどうかを検討してきた。その結果，現在の状況を変え得るような何らかの条件がある子どもほど「生きづらさ」の感じ方は低く，条件をもっていない子どもほど「生きづらさ」の感じ方が高まるということが明らかになった。

　さいごに，今回の調査から得られた結果をもとに，子どもたちの生活システムを類型化し，その類型ごとに見出される「生きづらさ」の特徴を明らかにしておく。

　分析には，日常生活の様子に対する評価項目と「生きづらさ」項目を取りあげる。具体的には，①日常生活の様子について尋ねた5項目，②子どもの親に対する評価や家族生活の様子について尋ねた11項目，③学校生活の様子について尋ねた13項目，④自分自身に対する評価を尋ねた6項目および「生きづらさ」10項目を使用する。

　まず，子どもの生活システムの様相に着目して類型化するために，①日常生活の様子について尋ねた5項目，②子どもの親に対する評価や家族生活の様子について尋ねた11項目，③学校生活の様子について尋ねた13項目，④自分自身に対する評価を尋ねた6項目について，因子分析を行うことによって因子の

抽出を試みた。

　ここでは，各カテゴリーにおける生活の様子が良好であればあるほど得点が高くなるようにするために，「とてもあてはまる」に4点，「だいたいあてはまる」に3点，「あまりあてはまらない」に2点，「まったくあてはまらない」に1点を配した。

　①日常生活の様子について，「毎朝朝ごはんを食べている」「毎日時間を決めて勉強している」「家の中に自分の部屋や机など自分専用の場所がある」「やらなくてはいけないことがいっぱいで忙しくて自由な時間がない（反転）」「こづかいは十分もらっている」の5項目について因子分析を行ったところ，1因子構造であったが，各項目の因子負荷量が小さく，それらを除きながら因子分析を繰り返したところ，「毎朝朝食を食べている」と「毎日時間を決めて勉強をしている」の2項目となった。しかし信頼性係数が0.33と低かったためクラスタ[1]を求める際の項目としては使用しないことにした。

　②子どもの親に対する評価や家族生活の様子について因子分析を行った結果を表8-1に示す。

　第1因子は，「家族といるとほっとする」「親に大切に育てられていると思う」「お母さんは自分の気持ちをわかってくれる」「お父さんは自分の気持ちをわかってくれる」「自分のことで親をがっかりさせたくない」「家族で旅行や遊びによく出かける」の7項目が高い因子負荷量を示した。

　子どもの生活システム上における生活資源，なかでも家庭生活における親和状況を表す項目が多いことから「家庭内親和性」と命名する。

　第2因子は，「一生懸命頑張っても父は認めてくれない（反転）」と「一生懸命頑張っても母は認めてくれない（反転）」の2項目で，自分の頑張りという努力に対して親から認められているかどうかを示していることから「努力評価」と命名する。

　③学校など家庭以外での生活の様子について因子分析を行った結果を表8-2に示す。

　第1因子は，「他の人から殴られたり物を取られたり嫌なことをされる（反

第 8 章　子どもの生活システム類型からみた「生きづらさ」

表 8-1　家族生活に関する因子分析結果

家庭生活についての子どもの意識	第1因子	第2因子
家族といるとほっとする	.772	.055
親に大切に育てられていると思う	.722	.183
お母さんは自分の気持ちをわかってくれる	.721	.145
自分のことで親をがっかりさせたくない	.647	.059
お父さんは自分の気持ちをわかってくれる	.642	.166
家族で旅行や遊びによく出かける	.426	.025
一生けんめい頑張ってもお父さんは認めてくれない*	.132	.833
一生けんめい頑張ってもお母さんは認めてくれない*	.105	.821
寄与率	33.48	18.21
累積寄与率	33.48	51.69
因子解釈	家庭内親和性	努力評価

注：「*」を付している項目は、選択肢のコードを逆にし、一生懸命頑張ったことを父母から認められているほど大きな値を取るように変換している。
したがって、1 =「とてもあてはまる」、2 =「だいたいあてはまる」、3 =「あまりあてはまらない」、4 =「まったくあてはまらない」となる。

転）」「友だちから死ねとかキモいなど嫌なことを言われる（反転）」「友だちから無視される（反転）」の 3 項目が高い因子負荷量を示した。

　友人や同級生から嫌がらせを受けている内容が含まれていることから「嫌がらせ体験」と命名する。

　第 2 因子は、「学校の中に自分の気持ちをわかってくれる友だちがいる」「学校以外で自分の気持ちをわかってくれる友だちがいる」の 2 項目からなり、学校内外で自分の気持ちをわかってくれるような友だちがいるかどうかという、子どもの交友関係において親和的な状況があるかどうかを示していることから「友人間親和性」と命名した。

表 8-2　学校生活に関する因子分析結果

学校生活についての子どもの意識	第1因子	第2因子
友だちから死ねとかキモいなど嫌なことを言われる＊	.781	.053
友だちから無視される＊	.726	.107
他の人から殴られたり物を取られたり嫌なことをされる＊	.722	.112
学校の中に気持ちをわかってくれる友だちがいる	.175	.669
学校以外で気持ちをわかってくれる友だちがいる	.006	.601
寄与率	33.78	16.73
累積寄与率	33.78	50.50
因子解釈	嫌がらせ体験	友人間親和性

注:「＊」を付している項目は，選択肢のコードを逆にし，嫌なことを言われたり，されたりしていないほど，大きな値を取るように変換している。
したがって，1＝「とてもあてはまる」，2＝「だいたいあてはまる」，3＝「あまりあてはまらない」，4＝「まったくあてはまらない」となる。

④自分に対する評価項目について因子分析を行った結果，表8-3に示すように1因子に収斂された。

「自分は物事を人並みぐらいにはうまくやれる」「良い所も悪い所も含めて自分のことが好きだ」「友だちでもダメなことや嫌なことはきちんと言える」「困っている人がいたら力になりたいと思う」の4項目で，自分に対する自信や肯

表 8-3　自分に対する評価に関する因子分析結果

自分は物事を人並みぐらいにはうまくやれる	.712
良い所も悪い所も含めて自分のことが好きだ	.600
友だちでもダメなことや嫌なことははっきり言える	.455
困っている人がいたら力になりたい	.448
寄与率	31.89
因子解釈	自己肯定評価

定的評価を示している。投書分析でもみたように，子どもが生活を営むうえで，将来の希望や目標を設定できるかどうかといった生活ニーズの充足には，社会や人間に対する信頼や自分に対する自信の有無が強く関わっている様子がみられた。つまり，自分に対する不信感は，短期的長期的な目標といった将来展望が描けないという生活ニーズの未充足に影響する。このような生活ニーズが充足に関わる自分に対する肯定的評価として「自己肯定評価」と命名する。

第2節　クラスタ分析の結果

つぎに生活の様相に着目して類型化を行うために，クラスタ分析を用いることにした。そこで因子分析の結果に基づいて，因子得点を推定することにより各因子の得点を算出し，得られた因子の得点を用いてグループ内平均連結法によるクラスタ分析を行ったところ，クラスタ分析によって描かれたテンドログラムから全サンプルを5クラスタに分けるのが妥当であると判断した[2]。

クラスタ1は84名（11.3％），クラスタ2は194名（26.0％），クラスタ3は203名（27.2％），クラスタ4は134名（18.0％），クラスタ5は130名（17.4％）であった。

つぎに，これらクラスタ別の特性を明らかにするために，得られた5クラスタを独立変数として，「家庭内親和性」「嫌がらせ体験」「努力評価」「友人間親和性」「自己肯定評価」を従属変数とした一元配置分散分析を行った結果，すべての項目について統計的に有意な群間差がみられた。5クラスタの各得点およびTukeyのHSD法（5％水準）による多重比較の結果を表8-4に示す。

表の見方についてであるが，全体の平均（m）である0点を中心として，各項目が充足あるいは良好であるほど点数が高く，逆に不足あるいは悪化しているほど点数が低くなるように示している。つまり，点数が高いほどその項目についての良好度を表し，点数が低くなるほど悪化している状態を表している。なお，各項目についての良好度の高低を視覚的に表すために色分けしている。濃色はプラス得点，淡色はマイナス得点を示す。

表8-4　5クラスタ別各項目の平均値および多重比較結果（TukeyのHSD法）

		クラスタ1	クラスタ2	クラスタ3	クラスタ4	クラスタ5	全体	F値	有意確率	下位検定
家庭内親和性	m	-.21	.37	.45	-1.05	-.06	-.01	101.16	p<.001	1,4,5<3
	n	84	194	203	134	130	745			1,4,5<2
	sd	.79	.66	.80	.73	.71	.91			4<1,5
努力評価	m	-.47	-.79	.72	-.35	.74	.00	228.59	p<.001	1,2,4<3,5
	n	84	194	203	134	130	745			2<1,4
	sd	.62	.81	.37	.66	.43	.90			
嫌がらせ体験	m	-1.13	.22	.02	.13	.32	.02	57.50	p<.001	2,3,4,5<1
	n	84	194	203	134	130	745			5<3
	sd	.70	.71	.90	.63	.74	.87			
友人間親和性	m	.00	.00	.46	-.61	-.22	-.02	55.09	p<.001	1,2,4,5<3
	n	84	194	203	134	130	745			4<1,2,5
	sd	.63	.67	.57	.74	.73	.76			
自己肯定評価	m	-.47	.23	.56	-.82	-.36	-.05	125.19	p<.001	1,2,4,5<3
	n	84	194	203	134	130	745			1,4,5<2
	sd	.60	.60	.65	.67	.59	.81			4<1,5

　統計的に有意な差が認められた項目をもとに，5クラスタの特徴を図示したものが図8-1である。
　なお「家庭内親和性」と「努力評価」および「嫌がらせ体験」と「友人間親和性」は相互に無相関であることが確認できたので，その組み合わせを利用して類型化している。
　5クラスタそれぞれに該当する子どものプロフィールを描いてみよう。

①クラスタ1のプロフィール（11.3％）

　このクラスタは，友だちとの関係において，無視されたり，嫌なことを言われたりされたりするなど嫌がらせ体験の平均値が他のクラスタに比べて極めて高く，日常生活で嫌がらせを受けているという特徴をもつ。また家庭内の親和性がやや低く，努力評価も低いなど，家庭生活にもやや不満をもっている。さらに自分に対する肯定的評価が低く，具体的な生活目標が描けない可能性を含んでいる。

第8章　子どもの生活システム類型からみた「生きづらさ」

```
┌─────────────────────┐     ┌─────────────────────┐
│ 家庭内親和性の高い・低い │◄──►│ 努力評価の高い・低い  │
└─────────────────────┘     └─────────────────────┘
        │   │                       │   │
   ┌────┘   └──────┐         ┌──────┘   └────┐
   ▼               ▼         ▼               ▼
┌──────────┐ ┌──────────┐ ┌──────────┐ ┌──────────┐
│家庭内親和性高│ │家庭内親和性高│ │家庭内親和性低│ │家庭内親和性低│
│×努力評価低 │ │×努力評価高 │ │×努力評価高 │ │×努力評価低 │
└──────────┘ └──────────┘ └──────────┘ └──────────┘
```

```
┌─────────────────────┐     ┌─────────────────────┐
│ 嫌がらせ体験の有り・無し │◄──►│ 友人間親和性高い・低い │
└─────────────────────┘     └─────────────────────┘
     │                           │   │
     ▼                           ▼   ▼
 ┌────────┐ ┌──────────┐ ┌──────────┐ ┌────────┐
 │嫌がらせ無し│ │嫌がらせ無し×│ │嫌がらせ無し×│ │嫌がらせ有り│
 │        │ │友人間親和性高│ │友人間親和性低│ │        │
 └────────┘ └──────────┘ └──────────┘ └────────┘
```

```
┌─────────────────────────────────────────┐
│        肯定的自己評価の高い・低い            │
└─────────────────────────────────────────┘
   │       │        │         │        │
   ▼       ▼        ▼         ▼        ▼
 ┌───┐  ┌───┐   ┌───┐    ┌───┐    ┌───┐
 │高い│  │高い│   │低い│    │低い│    │低い│
 └───┘  └───┘   └───┘    └───┘    └───┘
   │       │        │         │        │
   ▼       ▼        ▼         ▼        ▼
┌──────┐┌──────┐┌──────────┐┌──────────┐┌──────┐
│クラスタ2││クラスタ3││クラスタ5   ││クラスタ4   ││クラスタ1│
│努力評価 ││現状許容型││友人親和性・ ││全親和性・  ││全生活要素│
│非許容型 ││      ││自己評価   ││自己評価   ││非許容型 │
│      ││      ││非許容型   ││非許容型   ││      │
└──────┘└──────┘└──────────┘└──────────┘└──────┘
```

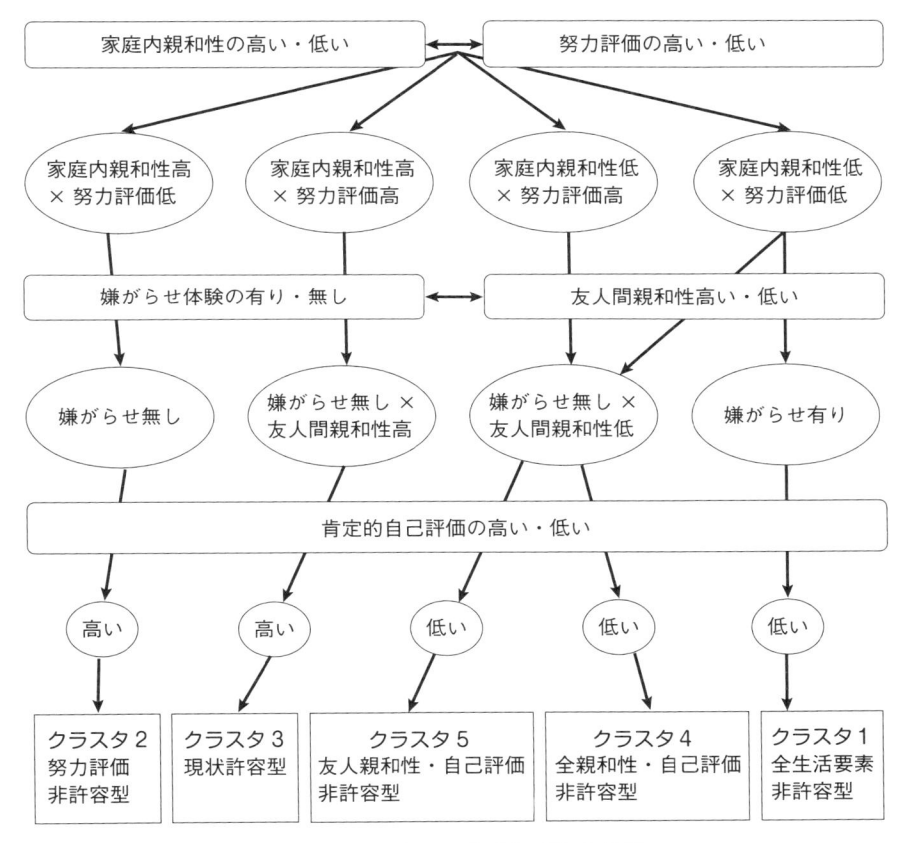

図8-1　5クラスタそれぞれの特徴

　このクラスタの子どもたちは，家庭生活が安定していないうえに，自分に対する評価も決して高いとはいえず，学校などで嫌がらせを受けている様子がうかがえる。このクラスタに含まれる子どもの数は84名で，11.3％にあたる。このクラスタは家庭生活が良好でないうえに，肯定的自己評価が低く，いじめを受けているなど，かなり我慢を強いられているような「八方ふさがり」の状態にあることから「全生活要素非許容型」と命名する。

②クラスタ２のプロフィール（26.0％）

　このクラスタの特徴として，家庭内の親和性が高く，比較的順調な家庭生活を送っているように思われるものの，一生懸命頑張ったことを親が認めてくれないという不満が高い点が挙げられる。つまり，日常の家庭生活における家族との親和性は保たれているものの，自分が頑張ったことを親が認めてくれないという親からの努力評価が得られていないことが，このクラスタの子どもたちの抱えている問題となっている。このクラスタに含まれる子どもは194名，26.4％となっており，4人に1人の子どもにあたる。このクラスタは努力を評価してもらえないという生活課題を抱えていることから「努力評価非許容型」と命名する。

③クラスタ３のプロフィール（27.2％）

　5クラスタ中，生活システムがもっとも安定しているのがこのクラスタである。ただし，同級生からの嫌がらせの有無については，その得点は0.02と高いわけではないものの，5クラスタの中では2番目に低い数値であり，クラスタ5の子どもたちの得点と比べると統計的に有意に低いという結果であった。

　家庭内の親和性と友人間の親和性共に5クラスタ中もっとも高く，努力評価，自己肯定評価も高いなど，生活が安定している様子がうかがえる。生活の大部分おいて許容できている様子から「現状許容型」と命名する[3]。このクラスタに含まれる子どもは203名，27.2％で，割合としてはもっとも多い。約4人に1人の子どもたちが，現時点において許容しがたい生活課題を抱えることなく，安定した生活を送っているといえよう。

④クラスタ４のプロフィール（18.0％）

　このクラスタは，家庭内親和性・友人間親和性および自己肯定評価が5クラスタ中もっとも低い。クラスタ1とは異なり，同級生や友人からの嫌がらせはないものの，家庭生活が良好に送れておらず，気持ちをわかってくれる友だちもいない，さらに自分に対する評価も低い，といった点に生活課題を抱えている。クラスタ1の子どもたちが直接的な嫌がらせを受けているのに対して，クラスタ4の子どもたちは，直接的な嫌がらせはないものの，家庭内親和性や友

人間親和性の低いことや，自己肯定評価が低いことから，「全親和性・自己評価非許容型」と命名する。このクラスタに含まれる子どもは134名，18.0％となっている。

⑤クラスタ5のプロフィール（17.4％）

このクラスタの特徴として，一生懸命頑張ったことを親が認めてくれるという親からの努力評価が高く，同級生や友人からの嫌がらせ体験も5クラスタ中もっとも低い。しかし，家庭内親和性がやや低く，友人間親和性および自分肯定評価が若干低い。他のクラスタに比べて取り立てて問題が顕在化しているわけではないものの，友人間の親和性と自己肯定評価が低いことから「友人親和性・自己評価非許容型」と命名する。このクラスタに含まれる子どもは130名，17.4％となっている。

⑥小括

生活システムからみると，もっとも安定しているのが，クラスタ3「現状許容型」といえる。このクラスタに含まれる子どもは203名と今回の調査対象者のうち27.2％と3割弱いるが，逆にいえば，約7割近くの子どもたちが何らかの生活課題を抱えた状態であることがわかる。

とくに，深刻な生活課題を抱えていると予想されるのが，クラスタ1「全生活要素非許容型」とクラスタ4「全親和性・自己評価非許容型」である。両方のクラスタに含まれる子どもは218名，29.3％と約3割である。クラスタ1「全生活要素非許容型」もクラスタ4「全親和性・自己評価非許容型」もともに，家族との日常生活において安定していない様子がうかがえるとともに，一生懸命頑張ったことを親から評価されていないだけでなく，自分に対する評価も低いという特徴をもつ。ただクラスタ1「全生活要素非許容型」は直接的な嫌がらせを受けているという特徴をもつのに対し，クラスタ4「全親和性・自己評価非許容型」は，直接的な嫌がらせはないものの，家族や友人との親和性が低く，家庭生活や交友関係が良好でないという特徴をもつところに顕著な違いがみられる。

またクラスタ2とクラスタ5は，ちょうど対照的な生活課題を抱えていると

いえる。クラスタ2「努力評価非許容型」は，家庭内の親和性が高く，自己評価も高いが，頑張ってもその努力を親から評価されていないことに問題を抱えているタイプであるのに対し，クラスタ5「友人親和性・自己評価非許容型」は，努力していることを親が評価してくれてはいるものの，友人間親和性が低く，自己評価が低いというタイプである。

第3節　クラスタ別にみた子どもの「生きづらさ」

1　クラスタ別にみた「生きづらさ」

　クラスタ分析によって，5つのクラスタを描き出すことができたが，それぞれのクラスタの子どもたちが，どのような「生きづらさ」を，どの程度感じながら，毎日の生活を営んでいるのか，クラスタ別の「生きづらさ」の特徴を描き出しておきたい。

　各クラスタと「生きづらさ」に関する10項目について相関をみたところ，「他の人が自分のことをどう思っているのかいつも気になる」以外の9項目ついて統計的に有意な差がみられた。そこで，5クラスタを独立変数とし，「生きづらさ」の感じ方に関する10項目を従属変数とした一元配置分散分析を行った。前章でも説明したように，本書においては，「生きづらさ」の感じ方が高いほど，得点が高くなるようにコード化し，1点は「まったくあてはまらない」，2点は「あまりあてはまらない」，3点は「だいたいあてはまる」，4点は「とてもあてはまる」を配し，点数が高いほど「生きづらさ」が高いことを示している。なお「生きづらさ」各項目の表記については，前章と同じ表記を使用する[4]。

　5クラスタの各得点およびTukeyのHSD法（5%水準）による多重比較の結果を表8-5に示す。なお，視覚的にわかりやすくするために，「生きづらさ」得点がもっとも高いものに濃色，低いものに淡色を施してある。

①クラスタ1「全生活要素非許容型」の子どもたち（11.3%）

　このクラスタは，同級生や友人との間で，無視されたり，嫌なことを言われたりされたりするなどの嫌がらせを受けているという特徴をもつ。しかしそれ

第 8 章　子どもの生活システム類型からみた「生きづらさ」

表 8-5　クラスタ別「生きづらさ」得点の平均値 (m)

生きづらさ		クラスタ1 全生活要素非許容型	クラスタ2 努力評価非許容型	クラスタ3 現状許容型	クラスタ4 全親和性・自己評価非許容型	クラスタ5 友人親和性・自己評価非許容型	全体	F 値	有意水準	下位検定
自責感	m	2.79	2.47	2.31	2.41	2.31	2.43	5.91	p<.001	3,4,5<1
	n	84	192	202	134	129	741			
	sd	.85	.81	.80	.80	.85	.83			
消滅願望	m	2.15	1.55	1.56	2.00	1.71	1.73	12.99	p<.001	2,3,5<1 2,3<4
	n	84	192	202	134	130	742			
	sd	1.01	.72	.84	.88	.88	.87			
居場所喪失	m	1.81	1.44	1.38	1.78	1.40	1.52	11.63	p<.001	2,3,5<1,4
	n	84	192	202	133	130	741			
	sd	.80	.63	.73	.79	.62	.73			
存在否定	m	1.83	1.38	1.31	1.84	1.38	1.50	17.00	p<.001	2,3,5<1,4
	n	84	192	201	134	130	741			
	sd	.90	.64	.66	.92	.59	.76			
生活辛苦	m	2.31	1.77	1.62	2.04	1.77	1.84	11.97	p<.001	2,3,5<1 3<4
	n	83	192	201	134	130	740			
	sd	.97	.83	.84	.88	.85	.89			
重圧感	m	2.31	1.95	1.84	2.05	1.84	1.96	4.43	p<.01	3,5<1
	n	84	190	203	133	130	740			
	sd	.99	.97	.97	.93	.89	.96			
他者過敏性	m	2.70	2.38	2.36	2.46	2.31	2.41	2.29	ns	
	n	84	191	200	134	129	738			
	sd	1.02	1.06	1.04	1.01	.97	1.03			
ありのまま否定	m	2.17	1.66	1.40	2.01	1.61	1.70	24.94	p<.001	2,3,5<1,4 3<2
	n	84	190	200	132	130	736			
	sd	.88	.73	.62	.75	.68	.76			
努力限界	m	2.34	1.94	1.70	2.26	1.86	1.96	10.85	p<.001	3,5<1 3<4
	n	83	192	201	133	130	739			
	sd	1.00	.92	.94	1.00	.94	.98			
将来絶望感	m	2.01	1.60	1.37	1.99	1.78	1.69	16.05	p<.001	2,3<1,4 3<5
	n	84	192	201	134	130	741			
	sd	.91	.82	.62	.94	.88	.85			

だけではなく，家庭内の親和性がやや低いことや，努力評価も低いなど，家庭生活においてもやや不満をもっている様子がうかがえる。さらに自分に対する肯定的評価が低く，生活システム上の生活諸要素の多くに課題を抱えている「八方ふさがり」の状態にある子どもたちである。

実際に，これらの子どもたちの「生きづらさ」得点を見てみると，ほとんどの項目において，他のクラスタに含まれる子どもたちよりも統計的に有意に「生きづらさ」を感じている様子が明らかになった。「存在否定」以外の9項目については，5クラスタ中もっとも高い数値を示した。
　2点以上の数値を示す項目を列挙してみると，「自責感」「消滅願望」「生活辛苦」「重圧感」「他者過敏性」「ありのまま否定」「努力限界」「将来絶望感」であり，まさに多種多様な「生きづらさ」を感じながら生活している様子が明らかになった。

②クラスタ2「努力評価非許容型」の子どもたち（26.0％）
　家庭内の親和性は高く，日常生活における家族との関わりは比較的安定しているものの，一生懸命頑張ったことを親が認めてくれないという不満の強いこのクラスタに含まれる子どもたちの「生きづらさ」を見てみよう。学校にも家にも居場所がないといった「居場所喪失」や生まれてこなければよかったといった「存在否定」は低いが，「自責感」「他者過敏性」が高い。この他いろいろなプレッシャーに押しつぶされるような「重圧感」と，これ以上何を頑張ればいいのだといった「努力限界」の「生きづらさ」得点が比較的高いという特徴がみられた。
　このクラスタの子どもたちは，自分なりに一生懸命頑張っているにもかかわらず，親が自分の頑張りを認めてくれないと感じており，その背後には，もうこれ以上頑張れない「努力限界」といった「生きづらさ」を感じているものと推察される。さらに，親から認めてもらえないことが，子どもたちにとってはプレッシャーとなり「重圧感」といった「生きづらさ」を感じているものと思われる。

③クラスタ3「現状許容型」の子どもたち（27.2％）
　家庭生活においても，友人関係においても，自分に対する評価についてもさほど問題がなく，比較的安定した生活を送っていると思われるこのクラスタに含まれる子どもたちの「生きづらさ」を探ってみよう。
　やはり他のクラスタに比べていずれの「生きづらさ」得点も低く，あまり

「生きづらさ」を感じることなく生活している様子がうかがえる。

しかし，「自責感」が2.31点，「他者過敏性」が2.36点と2点以上の数値を示しており，比較的安定した生活を送っている子どもたちでさえ，何かあったら自分が悪いと自分を責めてしまったり，他の人が自分のことをどう思っているのか絶えず気にしながら生活していることがわかる。土井隆義が指摘しているような，周囲の反応を読み間違わないように「優しい関係」を維持しようと必死になる現代の子どもの姿と一致する（土井 2008）。

また，プレッシャーに押しつぶされるような気持ちになる「重圧感」と，これ以上何を頑張ればいいのだという「努力限界」が比較的高い数値を示している。この2項目についての全体の平均値もともに1.96点と比較的高いことから，いまの子どもたちが日々プレッシャーを感じたり，これ以上頑張れないという気持ちをもちながら生活を送っている様相の一端が明らかになった。

④クラスタ4「全親和性・自己評価非許容型」の子どもたち（18.0％）

クラスタ1「全生活要素非許容型」の子どもたちが，直接的な嫌がらせを受けているのに対し，クラスタ4「全親和性・自己評価非許容型」の子どもたちは，友人や同級生からの直接的な嫌がらせはないものの，家族や友人との間の親和性がかなり低いという特徴をもっている。つまり，いじめられているわけではないが，日常生活において家族といてもほっとできない，親のみならず友人も自分の気持ちをわかってくれない，親から大切にされていると思えない，自分にも自信がもてない，といった様子がうかがえる。

このクラスタの子どもたちの「生きづらさ」を見てみると，クラスタ1「全生活要素非許容型」の子どもの「生きづらさ」得点ほどではないものの，多くの「生きづらさ」項目で高い数値を示している。

とくに2点以上の高い数値を示した項目を挙げてみると，「自責感」「消滅願望」「生活辛苦」「重圧感」「他者過敏性」「ありのまま否定」「努力限界」の7項目に及ぶ。クラスタ1の子どもたち同様，直接的な嫌がらせがなくとも，家族と過ごす日常生活が良好でないことや自分の気持ちをわかってくれるような友だちがいないといった，家族資源や友人資源の欠乏は，子どもたちにとって

の「生きづらさ」を生み出す可能性があることを示唆している。

⑤クラスタ5「友人親和性・自己評価非許容型」の子どもたち（17.4％）

一生懸命頑張ったことを親から評価してもらっており，嫌がらせを受けるような体験も少なく，家庭内の親和性もさほど低いわけではないが，自分の気持ちをわかってくれるような友だちがいないといった友人親和性が低く，自分に自信がもてないでいる自己肯定評価の低いこのクラスタの子どもたちの「生きづらさ」を探ってみよう。

「生きづらさ」の得点が2点以上の項目として「自責感」「他者過敏性」が挙げられる。各項目の「生きづらさ」得点を眺めてみると，クラスタ2「努力評価非許容型」の生きづらさ得点とよく似た結果を示している。両者の違いをあえて挙げると，クラスタ5「友人親和性・自己評価非許容型」は，生きているのがつらいとか消えたいといった「消滅願望」と，将来に希望が持てないという「将来絶望感」の得点が，クラスタ2の得点よりも高い。逆にクラスタ2「努力評価非許容型」の方が高かった項目は，これ以上何を頑張ればいいのだという「努力限界」であった。

統計的に有意ではないものの，解釈として，日々の生活がうまくいっておらず，自分に対する評価が低いクラスタ5の子どもたちは，家庭での日常生活がうまくいっていないことから「もうダメだ」とか「消えたい」といった気持ちになりやすいといえる。

第4節　まとめ

本章では，日常生活の物的資源のありようや，子どもの親に対する評価や家庭生活の様子，学校生活の様子，自分自身に対する評価などから，子どもの生活を包括的にとらえ，生活の様子の異なりに着目して，5つの生活システムタイプに類型化した。そして，それぞれのタイプに含まれる子どもがどのような「生きづらさ」を感じているのかを分析していった。おもな知見を以下に示す。

知見①　自分に対する肯定評価が高いクラスタ2「努力評価非許容型」とク

ラスタ3「現状許容型」の子どもたちは，他のクラスタに比べて，将来に希望がもてない「将来絶望感」の「生きづらさ」が低い。

　自分に対する評価が高いほど，夢や希望をもちやすく，逆に自分に対する評価が低いほど，将来の夢や希望が設定できないと解釈することができる。これは，自分に対する評価が生活ニーズの充足に深くかかわっていることを示唆している。投書記事の分析の際に見られたように，自分に対する評価の低さから，将来への期待や夢や希望が持てないで苦しんでいる子どもたちの姿と重なるところがあり，自己肯定評価の低さは，具体的な将来の目標や希望を描けないという生活課題につながると推察できる。

　知見②　家庭生活や友人関係，自己評価ともに安定しているクラスタ3「現状バランス型」の子どもたちが27.2％おり，約3割弱の子どもたちが，比較的バランスの取れた生活を維持している。これらの子どもたちは「生きづらさ」得点が低く，生活するうえであまり「生きづらさ」を感じることなく生活できているようである。

　しかし，このような安定した生活を営んでいる子どもたちが3割弱であるということは，裏を返せば，約7割強の子どもたちが，何らかの生活課題を抱えながら毎日を生きていることを示している。そして，それらの子どもたちは，さまざまな「生きづらさ」を抱えていることが明らかになった。

　知見③　家庭内の親和性や友人間の親和性が低く，自己肯定評価が低く，直接的な嫌がらせを受けているクラスタ1「全生活要素非許容型」の子どもたちの「生きづらさ」がもっとも高い。「自責感」「消滅願望」「生活辛苦」「重圧感」「他者過敏性」「ありのまま否定」「努力限界」「将来絶望」というさまざまな「生きづらさ」を感じながら生活している様子が浮かび上がってくる。

　子どもにとって，友人や同級生からの悪口や無視，暴力など，直接的な嫌がらせを受けることは，「生きづらさ」に強く関連している。ここでみられた嫌がらせはいじめ行為であり，いじめを受けることは，その子どもの生活評価に密接に関わっており，「存在否定」や「消滅願望」だけではなく，さまざまな「生きづらさ」を感じさせることにつながっていることが明らかになった。

知見④ 家庭内の親和性，友人間の親和性がともに低く，自己肯定評価も低いクラスタ4「全親和性・自己評価非許容型」の子どもたちは，クラスタ1「全生活要素非許容型」の子どもたちの得点ほどではないものの，「消滅願望」や「居場所喪失」や「存在否定」が比較的高く，自分の存在価値の揺らぎを覚えるような「生きづらさ」項目の得点が高いという特徴を示した。

子どもにとって，安定した家庭生活を日常的に過ごすことができるかどうかや，家族が自分の気持ちをわかってくれる，あるいは，家族以外でも自分の気持ちをわかってくれるような友人がいるといった人的資源の有無が，「生きづらさ」感知の軽減にとって重要であることを示しているといえよう。

知見⑤ 一生懸命頑張ったことを親が認めてくれないと感じているクラスタ2「努力評価非許容型」の子どもたちの感じる「生きづらさ」の特徴として，「重圧感」や「努力限界」といった「生きづらさ」の得点が比較的高い点が挙げられる。

子どもたちにとって，居心地のいい家庭生活を送ることも重要であるが，自分が頑張ったことを親が認めてくれるかどうかという親からの評価や承認が重要であることが示唆された。

知見⑥ クラスタ1「全生活要素非許容型」の子どもたちの「生きづらさ」が他のクラスタの子どもに比べて高いという結果が示唆するものは，もしも，この子どもたちの生活のどこかに解決の糸口となる生活システム変更条件があれば，少なくとも「生きづらさ」の感知は軽減される可能性があるということである。

つまり，「子どもの所属しているあるひとつの集団システムにおいて，生活課題の充足が許容できていなくとも，別の所属集団において何らかの打開策やサポートがあれば，子どもの生活システム全体における『生きづらさ』を感じる度合いは低い」といえるのではないだろうか。

知見⑦ すべてのタイプの子どもが，「何かあると自分が悪いんだと自分を責めてしまう」ような「自責感」や，「他の人が自分のことをどう思っているのかいつも気になる」ような「他者過敏性」の「生きづらさ」を感じながら生

第 8 章　子どもの生活システム類型からみた「生きづらさ」

活している様子が明らかになった。

　いまの子どもたちの特徴として，すぐに自分を責めたり，他の人からどう思われているかをたえず気にしながら過ごしたりするようなところが挙げられる。「空気を読む」ことが重要視される現代社会ならではの子どもの「生きづらさ」といえよう（土井 2009 他）。

　今回の研究によって，子どもの抱えている問題を限所的にとらえて解決策を見出すよりも，子どもの生活を総体的にとらえて，たとえある部分でうまくいかなくても他の部分を改善する，あるいは，子どもにとっての問題点の置換をはかることによって，「生きづらさ」を軽減させる可能性があることが導き出された。

　森田洋司は，いじめ問題を取り上げ，いじめが学校の場を中心とした問題行動であるとしながらも，「家庭や地域などでの苦悩を学校で発散させる子ども」について言及し，「生活総体への理解と支援を行う必要性」を論じている（森田 2010：121）。

　森田の指摘にもあるように，子どもの「生活システム」という視点を取り入れることによって，生活システムを成り立たせている諸要素における生活課題を析出することが可能になる。生活課題が充足されていない部分を明確にしたうえで，子どもが使用しうる変更条件を機能させることによって，生活システムを組み立て直すことができると考えられる。

　クラスタ 1「全生活要素非許容型」の子どもたちの「生きづらさ」がとりわけ高かったことは先にも示したとおりである。しかし，このクラスタの子どもたちだけが「生きづらさ」を感じているわけではない。他のクラスタの子どもたちも，それぞれの生活課題が充足されずにいることから，さまざまな「生きづらさ」を感じている様子がみえてきた。

　私は，「生きづらさ」を「子どもが認知した緊張を処理するために，生活システムを変える試みを行っても緊張処理が実現できず，現状では緊張処理の可能性が見いだせない状態」と考えている。つまり，「生きづらさ」は，その子どもにとって認知された緊張状態であり，その状況を改善したいと思ってもう

まく処理することができないでいることに由来するのである。それはあくまでも子ども自身の目から見た緊張状態であり，子どもにとっての非許容状態である。もちろん，自分で生活システム変更条件を活用させることができれば問題はない。しかし，生活システムを変更させる条件を子どもが見失っているとき，私たち周りの人間ができることは，その子どもの目線に立って，その子どもの非許容状態を把握し，子どもが気がついていない，あるいは見えていない解決の方策を示すことである。

そして，今回の調査からも明らかになったように，「努力していることを認めてもらえること」や「気持ちを理解してくれる人がいる」と思えることが子どもにとって非常に重要であることから，子どもの努力を認めることや，子どもの気持ちの理解に努めることも子ども支援のひとつではないだろうか。

注
(1) 今回，生活システムに着目して類型化を行うためにクラスタ分析という分析手法を用いた。なお，ここで行った階層クラスタ分析は，子どもの生活システムの様相によってグループ分けを行う際に，データ間の類似度の近いものをまとめてゆくという方法である。テンドログラムを作成することによって，Rescaled Distance Cluster Combine が 20 あたりを下にたどったところ 5 つの横線と交わったことを確認したうえで，5 つのクラスタを導出した。
(2) 子どもの生活スタイルによって調査対象をグループ分けする手法には，「下位尺度得点」を利用する方法と，「因子得点」を利用する方法とがあるが，今回は「因子得点」を利用して，変数の類似度情報によるパターン分けを行うクラスタ分析を使用することにする。
(3) 生活の全要素において許容できていることを示すには「全生活要素許容型」と命名すべきところではあるが，クラスタ 1「全生活要素非許容型」と明確に区別する必要があることから，あえて「現状許容型」と命名しておいた。
(4) 各「生きづらさ」次のように表記する。「何かあるとすぐに自分が悪いんだと自分を責めてしまう」については「自責感」，「『生きているのはつらい』とか『消えてしまいたい』と思うことがある」については「消滅願望」，「学校にも家の中にもどこにも自分の居場所がない」については「居場所喪失」，「自分な

んかこの世に生まれてこなければよかった」については「存在否定」,「今の生活はつらいことの方が多い」については「生活辛苦」,「いろんなプレッシャーに押しつぶされるような気持ちになる」については「重圧感」,「他の人が自分のことをどう思っているのかいつも気になる」については,「他者過敏性」,「ありのままの自分を誰も認めてくれない」については「ありのまま否定」,「これ以上何を頑張ればいいのだと思う」については「努力限界」,「将来にまったく希望がもてない」については「将来絶望感」とする。

引用文献

土井隆義, 2008, 『友だち地獄：「空気を読む」世代のサバイバル』筑摩書房。
森田洋司, 2010, 『いじめとは何か：教室の問題, 社会の問題』中央公論新社。

終 章

子どもの「生きづらさ」の所在

第1節 「生きづらさ」調査から見えてきたこと

　わかるようでいてなかなか掴みどころのない「生きづらさ」という問題を目に見える形にしたいとの思いから，子どもの「生きづらさ」の研究を進めてきた。たとえば，いじめで検挙された児童の数や不登校児数，自殺数あるいは，低年齢少年が犯した犯罪件数は統計上にあらわれる。しかし，いじめで検挙された数が「いじめ」の実態を反映していないのと同様，「生きづらさ」はとらえどころのない概念である。社会学者の森田洋司は，いじめの「見えにくさ」について，「いじめがあったかどうかを決定するのはいじめる側の動機や，外から観察していじめ行為が事実としてあったかどうかではなく，いじめられる側の被害感情による，被害者の主観的世界に基礎をもつ現象である」と指摘している（森田 2007, 1994：40）。「生きづらさ」についても同じような「見えにくさ」がある。

　ここ数年，子どもだけでなく大人も含めて日本社会で生きていくうえでの困難さが「生きづらさ」という用語で表現されることが多くなっている。雨宮処凛はこれまでに「いじめ」「リストカット」「フリーター」「生きづらさ」などをキーワードに「当事者」の視点に立った小説やエッセイを出版している。雨宮当人を始め，雨宮の著作のなかに登場するフリーターやひきこもりの人びとが，自分の現状を「生きづらさ」という言葉で表現し，当事者という主体を客

終　章　子どもの「生きづらさ」の所在

体視しながら自らの経験を語るという意味での当事者性に特徴がみられる（雨宮2008他）。

　しかし，子どもが当事者として「生きづらさ」という用語を用いて自分を語っているような書籍はなかなか見当たらない[(1)]。子どもの「生きづらさ」については，当事者としてではなく，なぜいまの子どもは生きづらいのかという第三者のまなざしから論じられることが多い（土井2008, 中西2009他）。そこで，当事者としての子どもの「生きづらさ」をとらえたいという思いから，子どもの視点に立って，子どもがどんな毎日をどんな風に過ごしているのか，どのような生活を望んで，どのような躓きを感じながら，どのように自分の生活を組み立てているのか，いまの子どもの「生きづらさ」の実態に迫ろうと試みた。

　本書において，私は，「生きづらさ」を「子どもが認知した緊張を処理するために，生活システムを変える試みを行っても緊張処理が実現できず，現状では緊張処理の可能性が見いだせない状態」と定義している。

　この定義に基づいて，「生きづらさ」を尺度化し，子どもの「生きづらさ」に及ぼす生活システム変更条件の影響と，子どもの生活システム類型別に「生きづらさ」の特徴を探った。「生きづらさ」調査によって明らかになった知見をいま一度，整理しておこう。

　知見①　勉強の習慣と学校の勉強理解度と学校での成績は相互に関連している。

　勉強の習慣がある子どもは，学校の勉強の理解度が高く，成績も上の方である。しかし，勉強習慣の実態をみてみると，決まった時間勉強するという子どもが少なく，時間を決めて勉強するというような勉強の習慣が確立していない。

　学校の勉強の理解度の高い子どもは，生活の充実度も高い。したがって，勉強の習慣の確立は学校の勉強の理解度に，勉強の理解度は毎日の生活の充実度に，というつながりが見いだせる。

　知見②　他人からの「死ね」や「キモい」などの悪口や，無視や，殴られたり物をとられたりする嫌がらせなどの行為を受けている子どもは，暴言約3割，無視や嫌がらせはそれぞれ約1割であった。

　このような悪口，無視，暴力などの嫌がらせ行為を受けている子どもは，親

からも傷つくことを言われたりされたりしている傾向がみられた。友だちから嫌がらせを受けている子どもは、親からも嫌がらせを受けている可能性がある。

　知見③　「家庭生活満足度」や「生活充実度」と両親の仲の良さや家族と一緒に遊んだり旅行に行くなどの共有行動の多さとの間には正の関連がみられた。逆に、親から傷つくことを言われたりされたりしている子どもほど「家庭生活満足度」、「生活充実度」が低い。

　家族との共有行動の多さや両親の仲の良さ、親との関わり方は、子どもの生活満足度に強い影響力をもっていることが明らかになった。

　知見④　困ったことを親に相談できる子どもほど「生きづらさ」は低い。

　親に相談できるという人的資源の有無は生活システム変更条件として機能していることから、子どもにとって相談できるような人的資源をもっていることが重要であることが明らかになった。

　知見⑤　努力の評価や気持ちの理解といった共感を与えてくれる親との関係性は、子どもの「生きづらさ」を低める条件として機能している。

　子どもにとって、家庭では親が気持ちをわかってくれる、頑張ったことを親が認めてくれること、家庭以外でも学校の内外に自分の気持ちをわかってくれるような友だちや信頼できるような先生がいることが、子どもの「生きづらさ」の感じ方を低めることに寄与している。

　知見⑥　趣味や自分なりの楽しみをもっていることや、やってみたい仕事やかなえたい夢など将来への希望があるなどの生活目標があることは、子どもの「生きづらさ」を低める条件として有効に機能する。

　知見⑦　「時間」に余裕があるという物理的な資源があることは、子どもの「生きづらさ」を低める条件として有効に機能する。

　知見⑧　子どもにとって、友人や同級生からの悪口や無視、暴力など、直接的な嫌がらせを受けることは、「生きづらさ」に強く関連している。このような嫌がらせ行為こそがいじめであり、いじめを受けることは、その子どもの「生きづらさ」に密接につながっている。それは、「存在否定感」や「消滅願望」だけではなく、あらゆる「生きづらさ」を感じさせることにつながってい

終　章　子どもの「生きづらさ」の所在

ることが明らかになった。

　森田洋司は，いじめ問題を取り上げ，いじめが学校の場を中心とした問題行動であるとしながらも，「家庭や地域などでの苦悩を学校で発散させる子ども」について言及し，生活総体への理解と支援を行う必要性を論じている（森田 2010：121）。

　知見⑨　子どもたちにとって，居心地のいい家庭生活を送ることも重要であるが，自分が頑張っていることを認めてもらうという親からの承認欲求の充足が重要であることが示唆された。土井隆義の指摘にもあるように，親のまなざしを「心ゆくまで浴びることによって，自分の存在を確認したいという欲求」が強くなっているという，現代の青年の特徴と重なるところがみられた（土井 2005）。

　知見⑩　子どもの所属しているある集団において，生活課題が充足されていなくとも，別の所属集団において何らかの打開策やサポートがあれば，子どもの生活そのものに対する評価としての「生きづらさ」は軽減されることが明らかになった。

　知見⑪　すべて子どもに見られる特徴として，「何かあると自分が悪いんだと自分を責めてしまう」ような「自責感」を感じる「生きづらさ」や，「他の人が自分のことをどう思っているのかいつも気になる」ような「他者過敏性」の「生きづらさ」を感じながら生活している様子が明らかになった。

　本田由紀は，中学生にとっての「友だち」の意味について，「中学生の生活の明暗は友だちとの関係によってはっきりと左右」されており，「学校の『空気』を構成する諸成分のなかで友だち関係は非常に大きな比率を占めている」と述べている（本田 2011：69）。

　今回の調査では，すぐに自分を責めたり，他の人からどう思われているかをたえず気にしながら過ごしたりするという特徴がみえてきたが，いまの子どもたちが，親や友人など他者との関係において気を遣いながら生活している様子が明らかになった。

第2節　子どもの支援にむけて

　子どもは，さまざまな集団に所属したり，関係性をとり結んだりしながら，自分なりの生活課題の達成を目指して，生活システムを組み立てている。今回，子どもの生活システムという視点を取り入れたことによって，子どもが生活上のある部分で許容できなくても，他の部分に何らかの条件があれば，全体としてみれば，許容化できる可能性があることを実証してきた[2]。たとえば，友人との関係がうまくいかないときに，友人との関係の修復を試みる以外にも，友人に対する期待を変えたり，他の楽しみを見つけたり，友人以外に信頼できるような人を見つけたりすることによって，子どもの生活全体でみれば許容できることがある。

　たとえば，インターネット上の書き込みをみると，子どもたちが自分の心情を吐露したり，相手に共感したり，慰めたり慰められたりしている様子がみられる。土井隆義が指摘しているように，いまの子どもたちには「誰かに認めてもらいたい」という「承認欲求」の充足が，生活上の重要課題の一つといえる（土井2008）。しかし，ネット上の掲示板は書き込みが自由であるから，自分の気持ちを逆なでされるような反応の言葉も多くぶつけられる。誰かにわかってもらいたいという気持ちが，誰にもわかってもらえないという絶望につながる危険性もある。

　今回の調査から，親が気持ちを理解してくれることや親が自分の頑張りを認めてくれること，あるいは困ったときに親に相談できることなどが，子どもの「生きづらさ」を低める条件として機能していることが明らかになった。しかし，親だけでなく，気持ちをわかってくれる友だちや信頼できる先生がいることもまた，子どもにとって「生きづらさ」を低める条件として機能していた。つまり，親に限らず，その子どもの気持ちをわかってくれたり，認めてくれたりする他者の存在が子どもにとって重要である。

　さらに言えば，いまの子どもの特徴として，親の期待を裏切りたくないとい

終　章　子どもの「生きづらさ」の所在

う気持ちをもちつつ，困ったことがあっても親に相談できないと考えている子どもが多いことが明らかになった。いくら親子関係が重要であっても，親と子どもだけで完結するような関係性の構築は，逆に子どもを追い詰めることになるかもしれない。子どもにとって親が特別な存在であればある程，ちょっとしたことで親との関係がうまくいかなくなったときに，その状況を改善するような代替策が見つけにくい状況に陥ることも推察される。だからこそ，親以外でも，「自分の気持ちをわかってくれるような誰かがいてくれる」と子どもが思える必要があるだろう。

　親やきょうだい，先生や友人，部活の仲間，子どもを取り巻く関係性はさまざまである。日頃顔を合わせる関係だけではなく，地域の人，親戚，学校以外の仲間など別の人間関係があることも，生活を組み立てていくうえでは重要な資源となりうる。したがって，子どもにとって，自分の気持ちを理解してくれる親や友人，信頼できる先生をいかに確保するかということが重要であるし，それ以外のところでも子どもの信頼に足るべき存在が必要であることを示しているともいえる。

　周りの人間のできることは，「八方ふさがりの状態」にある子どもに，「あなたには相談できる相手がいる」「あなたは大丈夫だよ」と，きっちり向き合うことではないだろうか。

　中西新太郎は，日本社会を生きる子どもの多くが抱えている感情として，「理不尽に傷つけられず，いまこのままの自分でいても『大丈夫』と認められ自分でもそう確信できる」ような世界を願う気持ちがあるとしたうえで，そのような子どもに対してどのような援助が必要かと問題提起し，その答えの一つとして「見守ることができれば十分」という回答を与えている。さらに，「大人にできることは，『あなたと共にいる』という呼びかけを伝えられること，たとえ言葉にしなくても，孤立の危険に満ちた消費文化を生きる子どもたちにとって何よりの支えである」と述べている（中西2009：116-119）。

　陳腐でありふれた結論かもしれないが，今回の研究を通じて見えてきたこととして，自分（大人）の価値観を押し付けるのではなく，その子どものありの

ままを受け入れ，子どもが抱えている問題の所在を明らかにしたうえで，その子どもには見えていない，あるいは気がつかないでいる解決の方策を示すことの重要性を改めて指摘しておきたい。

　さらに，何かあると自分が悪いと自分を責めたり，他の人が自分のことをどう思っているのか気にしているところが現代の子どもの特徴といえる。しかし，困難に直面した時に「自分が悪い」と自分を責めるのではなく，自分の生活を自分で切り開いていくような力をもった存在であることに気付かせることも必要であろう。いいかえると，子どもは，自分自身の生活を組み立てる主体であるという気持ちをもたせることによって，子どものエンパワーメントを高めることが，子ども支援の重要な課題である。一方，子どもたちが，自分を責めたり，他人を気にしたりといった薄氷を踏むような毎日を送っていることに，私たちはもう少し敏感であるべきかもしれない。

　第6章で「生活の様子」と「生活の様子に対する評価」との関連を見ていったが，そこから得られた知見として，朝食習慣や勉強習慣といった基本的な生活習慣は，勉強理解度や生活充実度や家庭生活満足度と関連していることが明らかになった。朝食を食べないといった何げない行動が，子どもの状態の悪さを示すサインかもしれない。そういった子どものサインを見逃さないことも周りができる一つの支援といえる。

　投書の分析をしている際に，親からのひどい仕打ちにも耐えて苦しんでいる子どもの姿がみられた。しかし，今回の分析からも明らかになったように，家族以外の関係変更やニーズ変更といった対処方法が「生きづらさ」を低める条件として機能していた。したがって，家庭あるいは学校生活上に問題を抱えている子どもに，「そこだけにとらわれる必要はない」「別の道がある」というメッセージを示すことや，子どもは受け身の存在ではなく，「自分で自分の生活を組み立てていく力をもっていること」「自分の生活における生活主体＝主人公である」と伝えることも重要な支援ではないだろうか。

　子どもの生活の様子に着目し，「生きづらさ」尺度を用いて，いまの子どもたちの「生きづらさ」の実態に迫るとともに，「生きづらさ」軽減の方策を模

終　章　子どもの「生きづらさ」の所在

索してきた。その結果，子どもたちが，さまざまな「生きづらさ」を感じながら日々生きていること，しかし，たとえ生活課題が許容化できない状況であっても，子どもたちの生活システム上に何らかの変更条件があれば，「生きづらさ」は軽減されることがみえてきた。

　われわれにできることは，この「生きづらさ」尺度を用いることによって子どもの状態を理解し，子どもにとって許容化されていない生活課題の把握を通して，子どもが見いだせないでいる変更条件を探すこと，変更できる道があることを示して見せることである。「生きづらさ」という重いテーマを扱ってきたいま，この研究が，子どもの「生きづらさ」軽減の一助となることを願いながら本書の結びとしたい。

注
(1) 小説などのジャンルでは，「生きづらさ」という用語は使われていないものの，子どもの「生きづらい」状況を描いた著作は多い。たとえばいまの傷ついた若者たちの静かな戦いを描いた天童荒太『包帯クラブ』，いまどきの中学生をリアルに描いた木堂椎『12人の悩める中学生』等多数ある。
(2) 今回の分析では言及できていない部分について，今後の課題として挙げておきたい。
①「生きづらさ」について男女間で差があるかどうかを確認したところ，男子の「生きづらさ」得点が5.75点であるのに対して，女子の「生きづらさ」得点は6.59点（F値7.18　$p<.01$）で，統計的に有意な差がみられた。男女では，生活変更の必要性を感じた際に講じる対処方法が異なることが予想される。ジェンダー差に着目した「生きづらさ」の分析が必要であることを指摘しておきたい。
②生活システム変更条件のうち，生活価値の変更プログラムの有効性を問う項目を準備しないまま調査にのぞんでしまった。この変更条件について今後十分な検討が必要である。
③今回の分析モデルにおいて，「Ⅰ.日常生活の様子」と「Ⅱ.日常生活の様子に対する子どもの評価」，「Ⅲ.生活システム変更条件」，「Ⅳ.生きづらさ」を設定した。しかし，たとえば，家庭生活の満足度を測る質問項目として設定した

「親に大切に育ててもらっていると思う」という項目は，あるときは生活システム変更条件として機能する場合もありうる。また，「将来の夢や希望がある」という項目を今回は生活システム変更条件として設定しているが，逆に，「将来の夢や希望がない」という非許容状態のときに，どのような条件が機能するかという分析まで目配りすることができなかった。質問項目の工夫も含め分析モデルの精緻化を測ることが今後の課題である。

引用文献

雨宮処凛，2008，『全身当事者主義』春秋社。
伊藤茂樹，2007，『リーディングス日本の教育と社会8　いじめ・不登校』日本図書センター。
神原文子，1990，「集団システムにおけるストレスおよびストレス対処に関する一考察」『愛知県立大学文学部論集』38。
木堂椎，2007，『12人の悩める中学生』角川書店。
天童荒太，2006，『包帯クラブ』筑摩書房。
土井隆義，2005，「かかわりの病理」井上俊他編『自己と他者の社会学』有斐閣。
土井隆義，2008，『友だち地獄：「空気を読む」世代のサバイバル』筑摩書房。
中西新太郎，2009，『〈生きづらさ〉の時代の保育哲学』ひとなる書房。
本田由紀，2011，『若者の気分：学校の「空気」』岩波書店。
森田洋司，1994，「『いじめ』の見え方」森田洋司・清水賢二『いじめ—教室の病い』金子書房。
森田洋司，2010，『いじめとは何か：教室の問題，社会の問題』中央公論新社。

あとがき

　この本を上梓するにあたって，まずもって，非常に答えにくい「生きづらさ」調査に協力して下さった1,345名の中学生の皆さんに心からお礼を申し上げたいと思います。本当にありがとうございました。アンケートの自由記述欄には「こんなことをしても意味がない」「こんな面倒なアンケートするな」といった厳しい言葉も並んでいましたが，アンケートにはちゃんと答えてくれていました。その気持ちを無駄にしてはいけないと，身の引き締まる思いで研究に取り組んできました。また，講演会でお話しさせていただいた折には「このような，いまの子どもの状況を，もっと多くの人に知らせるべきではないか」といったご要望をいただきました。今回このような形でお返しすることになりました。協力して下さった中学生の皆さん，そして現場の先生方にお礼を申し上げます。

　いま，子どもの自殺をめぐる報道や特集が続いています。全国的にも子どもの心の健康調査や子どもの把握に努める取り組みを目にする機会が多くなりました。一般に心理テストといわれるものがあります。しかし，心理テストの結果の解釈が本人にはわからないことが多くあります。今回，私には，自分の状態を自分自身がわかるようなアンケートにしたいという思いがありました。「生きづらさ」という重い内容をあえて問うたのは，子ども自身がいまの自分の状況を知る必要があると考えたからです。

　私には，ふたりの甥がいます。親でも先生でも友だちでもない，しかし，身近な他者が子どもにどのような働きかけをする存在となりうるか，その可能性を教えてくれたのは彼らでした。ちょうど私が子どもの「生きづらさ」問題に取り組み始めた頃，中学生だった甥と，学校のことや先生のこと，友だちのこと，親のこと，勉強のこと，将来のことなどいろいろな話しをする機会があり

ました。私からすると，わりと素直な子どもたちで，これといった問題を抱えているようにも見えなかったのですが，それは私の眼から見えていた風景に過ぎませんでした。

　子どもの状況は，単に周りの大人や専門家が把握すればよいものではないと思います。子どものエンパワーメントを高める必要があると書きましたが，何より子ども自身が，自分で自分の人生を切り開いていく，生活の主人公でなければならないのです。ですから，自分の状態を自分が知ることは必要でしょう。もちろん，本人の力だけで問題を解決すればよいと言っているわけではありません。周りの人間にできることはたくさんあります。

　いまの社会はネット上でのコミュニケーションが盛んですが，私は，直接的，対面的な身近な他者の存在が必要だと思います。ネット上の相談コーナーには，「死にたい。自分なんて生きている価値がないの？」という相談に対して，「死にたければ勝手に死ね」といった心ない言葉が横行します。やり取りが面倒くさくなったら一方的に打ち切られてしまいます。救いを求めての相談だったはずが，逆にどんどん苦しめられ，その苦しみが複層的に積み重なっている様子がうかがえるのです。対面的な直接の関係ではそうはいきません。発言や関わりに責任をもたなければならないのです。そして，そのような関わりこそが必要だと感じています。

　本の向こうでは「まだまだわかってないな」と苦笑されている方もいらっしゃることでしょう。今回は言及できませんでしたが，生活システムを変更させるためにはどのような働きかけが必要か，具体的な解決策を提示する必要性を感じています。これからも子どもたちの「生きづらさ」を軽減させるべく研究に取り組んで参りたいと思っております。

　最後になりましたが，本書は，2011年3月，学位請求論文として提出した博士論文をもとにしています。博士論文の執筆に際して，神戸学院大学の神原文子先生には，筆舌に尽くしがたいほどの学恩を賜りました。また，博士論文の審査にあたっては，今西幸蔵先生，大日方重利先生，春日雅司先生，野々山

久也先生にお世話になりました。心からお礼申し上げます。

　いうまでもなく，博士論文執筆中は「生きづらさ」に身もだえしながらの日々でした。「生きづらさ」を低減させるための方策として，執筆を「あきらめる」ことによって状況を打開しようと何度思ったかしれません。しかし「私の気持ちをわかってくれる」「私の頑張りを認めてくれる」多くの人の支えが私を動かしてくれました。伏してお礼申し上げます。

　大学院時代を過ごした奈良女子大学で得た，恩師，先輩，友人，後輩との関わりも私には無くてはならないものです。その縁の一つひとつが，この研究に結びついていることを改めて実感するとともに，心から感謝しております。とくに，研究のイロハと社会学の面白さを教えて下さった石川實先生，陰に日向に支えてくださった竹田美知先生にこの場を借りてお礼申し上げます。

　また，本務校であるノートルダム清心女子大学からは，2007 年には国内研修の機会をお認めいただいたうえに，本書の出版にあたっては学内出版助成をいただきました。学部の頃から，この学園で育てていただいている幸せをかみしめております。心からお礼申し上げます。

　学文社の担当の落合絵理さんには大変お世話になりました。私にとって初めての単著の出版を実現させてくださいましたこと，心より感謝しております。ありがとうございました。

2012 年 10 月　　　　　　　　　　　　　　　　　　　　　　　山下　美紀

索　引

あ行

新しい傷　62
生きがい　57
生きづらさ　76, 94, 166, 186, 193, 197
「生きづらさ」尺度　123, 127, 166, 168, 202
「生きづらさ」の定義　69, 163
いじめ　16, 19, 22, 33, 65, 99, 135, 136, 196
逸脱　61, 67, 69
居場所　63, 64
ウェルビーイング　5, 44, 50, 70
エンパワーメント　202
親子関係　5, 8, 14, 33, 41-43, 45, 72, 201
親子関係評価　40

か行

階層　18, 25, 41-43, 62, 84
学習到達度調査　17
家族関係　40, 97, 147, 155
家族の多様化　2
家族との共有行動　147, 150
価値変更プログラム　86, 87, 103, 154
家庭環境　18, 26
家庭内暴力　19, 20, 26
空の巣症候群　14
関係変更プログラム　86, 103, 154
規範意識　33, 39, 40, 49
QOL尺度　6
極限的な緊張状況　69, 84
許容・均衡概念　85

緊張処理の可能性　69, 87, 94, 194, 197
苦悩の二重性　60
クラスタ分析　181
行為主体　76, 86
構造機能論的アプローチ　85
高度な気づかい　63, 66, 68, 101
校内暴力　20, 26
『個人化する家族』　2
子どもの生活システム類型　177
子どもの貧困　16, 24, 26
子どもの問題行動　19

さ行

資源変更プログラム　86, 103, 154
自己肯定感　6, 49, 65, 68, 70
自己肯定評価　181, 191
自己実現　45, 84
自己責任　63, 64, 67, 68
自己評価　6, 35, 39, 50, 70
自殺　16, 23, 26, 92, 196
自傷行為　99, 101, 131, 134, 137, 139, 144, 150
自尊感情　6, 43, 50, 57, 70, 84, 92
自尊感情尺度　51
しつけ　30, 33, 36, 42
自分探し　15
社会化　40, 41, 93
社会性　36
主体的社会関係形成の障害と抑圧　57
準拠集団　131
障害　57, 58, 60, 66

障害構造論　60
承認欲求　66, 199, 200
少年犯罪　26
情報―資源処理システム　85
情報の氾濫　15
所属集団　26, 80, 128, 131, 132, 169
自立　15, 33, 36, 38, 39, 42, 93, 128
進学率　16, 25
人的資源　72, 82, 118, 155, 192, 198
生活課題　43, 44, 69, 70, 84, 94, 103, 119, 127, 191, 193, 203
生活関係　81, 82, 175
生活規範　81, 82
生活困窮者　62
生活資源　81, 82, 175
生活システム　8, 43, 50, 76, 77, 84, 103, 127, 193, 203
生活システム変更条件　156, 166, 168, 171, 175, 177, 194, 197
生活システム類型　197
生活実現力　43, 84
生活者中心パラダイム　79
生活習慣　15, 19, 33, 49, 84, 136, 144, 202
生活主体　8, 43, 50, 77-80, 84, 93, 128
生活世界　8, 39, 45, 48, 93, 129
生活ニーズ　81, 175
生活評価　72, 131, 147, 154
青少年育成　15, 33
世帯構成　16
相対的貧困率　24
疎外感　63

た行
第2次反抗期　39
中間集団　77

動機性要件　85, 86
当事者　196, 197
友だち親子　3, 4
『友だち地獄』　6, 65

な行
人間関係　62, 63, 65, 66, 97, 102, 120

は行
排除　63, 65
発達課題　15, 93, 128
発達障害　57, 67
発達段階　15
場の空気　63, 65, 68
ひきこもり　58
非行　16, 30, 65
貧困　63, 64
物的資源　72, 82, 118, 190
不登校　8, 16, 19, 21, 26, 39, 58, 67, 196

ま行
目標変更プログラム　86, 87, 103, 154

や行
役割期待　113, 121
優しい関係　6, 65, 101, 189
友人関係　100, 191

ら行
ライフコース　3
ライフスタイル　2

わ行
ワーキング・プア　64, 67

【著者紹介】

山下　美紀（やました・みき）
1966年　京都市生まれ
1991年　ノートルダム清心女子大学家政学部卒業
1993年　奈良女子大学大学院家政学研究科修士課程修了
1996年　奈良女子大学大学院人間文化研究科博士課程単位取得満
　　　　期退学
1996年　ノートルダム清心女子大学人間生活学部助手として着任
現　在　ノートルダム清心女子大学文学部教授
　　　　博士（人間文化学）
専　門　家族社会学，家族関係学
著　書　『情報生活のリテラシー』朝倉書店，2002（分担執筆），
　　　　『高校家庭科における家族・保健・福祉・経済』家政教育
　　　　社，2002（分担執筆），『女子大学ターヘルアナトミア』
　　　　大学教育出版，2006（共編著）など

子どもの「生きづらさ」
──子ども主体の生活システム論的アプローチ

2012年11月 1 日　第 1 版第 1 刷発行
2014年 9 月20日　第 1 版第 2 刷発行

　　　　　　　　　　　　　　　著者　山下　美紀

発行者　田　中　千津子　　〒153-0064 東京都目黒区下目黒3-6-1
　　　　　　　　　　　　　　電話　03（3715）1501代
発行所　株式会社 学文社　　FAX　03（3715）2012
　　　　　　　　　　　　　　http://www.gakubunsha.com

©Miki YAMASHITA 2012　　　　　　　印刷　シナノ印刷
乱丁・落丁の場合は本社でお取替します。
定価は売上カード，カバーに表示。

ISBN 978-4-7620-2312-5